痴漢えん罪に
まきこまれた
憲法学者

警察・検察・裁判所・メディアの「えん罪スクラム」に挑む

名古屋学院大学准教授
飯島 滋明
Iijima Shigeaki

高文研

はじめに

「えん罪」

「えん罪」実際には罪を犯していないのに、裁判やメディアの報道で犯罪者とされること。

「えん罪」は人権侵害の最たるものであり、基本的人権の尊重が基本原理とされている日本国憲法の下では決してあってはならない。

ところが二〇一一年五月三日の憲法記念日、憲法学者（しかも平和問題を研究している）の私が広島で痴漢の現行犯として逮捕され、実名で報道される体験をした結果、あってはならないはずの「えん罪」が日本では多くあると感じた。

「松本サリン事件」「足利事件」「郵便不正事件」「布川（ふかわ）事件」などのえん罪を反省し、警察や検察、裁判所やメディアは慎重に対処し、えん罪を生みだすような状況は徐々に改められていると考えていたが、実は何も変わっていなかった。

警察や検察が憲法や刑事訴訟法に反する身体拘束を行ない、嘘の自白を強要する。そうした虚偽の自白に基づいて裁判所も有罪判決を下す。逮捕は単に捜査機関が犯罪者と疑っているだけで

あり犯人だと決まったわけではないのにメディアは逮捕された段階で実名報道を行ない、社会的にも犯人と思わせる。

こうしてえん罪が生まれる。「えん罪」は本人や家族、関係者に回復が困難な被害を与えてしまう。警察、検察、裁判所、そしてメディアによってこうした理不尽な事態にあわされているにもかかわらず、多くの人は泣き寝入りを余儀なくされる。

「人権尊重」を基本原理とする日本国憲法の研究者として、さらにはえん罪を体験した憲法学者としてこの現状を座視してよいのか？

こうした思いで書いたのが本書である。

まず第一章では、私が痴漢事件で逮捕、留置、さらには実名報道された状況について記している。えん罪の問題を明らかにするのに際し、私がどのような体験をし、どのように感じたのかを紹介するのは無駄ではないと思われる。

第二章では、私の専門である憲法での刑事手続の理念と現状を紹介する。ほかの国の憲法と比較して、日本国憲法では刑事手続に関して多くの規定が設けられている。その理由を刑事手続の歴史的背景に求めつつ、現在の憲法の刑事手続に関する理念や内容を紹介し、現状について報告する。

第三章では、刑事手続での警察や検察、裁判所、そしてメディアの犯罪報道の現状とその問題

2

はじめに

点を紹介する。憲法理念に反する刑事手続が行なわれ、多くの人権侵害やえん罪が生まれている現状が問題だと考えていた私は、大学の授業でも刑事手続や裁判の問題を取り上げてきた。しかし、えん罪を体験するまでは、メディアもえん罪の主犯になっているという認識が浅かった。本書では私の体験も踏まえ、えん罪とメディアの問題についても紹介する。

第四章では、えん罪防止、人権尊重という視点から、警察や検察、裁判所やメディアに関する改善案をえん罪を経験した憲法学者の視点から提示する。ここに本書のオリジナリティがあると思う。

現在、裁判員制度が導入され、一般の人も刑事事件に関わる可能性がある。警察や検察、メディアの現状を知らなければ、無実の人を有罪にする「えん罪」に加担してしまう可能性がある。「えん罪」に加担しないためにも、警察や検察、裁判所やメディアの現状を心に留めておく必要がある。

また、法的知識がないとえん罪に巻き込まれた際に不利な立場に追い込まれる可能性もある。一九六三年の強姦殺人事件である「狭山事件」を例に挙げると、この事件のえん罪被害者である石川さんは当初、刑事手続に関する知識がなかった。そのため、「自白すれば一〇年で出してやる。男の約束だ」「商売でやっている」という警察の嘘を信じて虚偽の自白をした。警察官を信用し、「弁護士は嘘つきだ」と言われたため、味方であるはずの弁護士にはじめは敵対した。自

らに降りかかった「えん罪」被害を最小限にするためにも、刑事手続の現状に通じておくことは無駄ではないだろう。
　本書を通じて「えん罪」が生まれる事情と問題点について、読者なりの見識を深めてもらえれば幸いである。

目次

はじめに 1

I 憲法学者のえん罪体験記

1 逮捕から釈放されるまで 15

＊逮捕（五月三日）──「任意捜査」がいきなり「現行犯逮捕」に
＊二日目（五月四日）──「あなたが犯人だと思っている」という刑事
＊三日目に釈放（五月五日）──一文無しで検察庁を放り出される

2 激変した生活 35

＊釈放後の被害の状況
＊警察に対して国家賠償訴訟を考えたが……
＊思い知らされたメディアの体質

II 刑事手続に関する憲法上の権利

1 大日本帝国憲法での刑事手続　45

2 日本国憲法での刑事手続の内容　48

3 刑事手続の現状　52

4 最近の代表的なえん罪事件　55

＊布川事件

＊足利事件

＊氷見事件

＊志布志事件

＊大阪地裁所長襲撃事件（通称「オヤジ狩り事件」）

＊引野口事件

＊郵便不正事件

＊競艇選手神戸痴漢えん罪事件

III 捜査機関・裁判所・メディアの何が問題か

1 捜査機関に関して 70
* 身体拘束に関して
* 取調べ
* 自白
* 警察・検察は事件、証拠をでっち上げる
* 捜査機関の体質

2 裁判所に関して 89
* 令状主義の形骸化、濫用
* 「無罪推定の原則」の放棄
* 非常識な事実認定
* 「誤判の陰に誤鑑定あり」

3 メディアに関して 96
* えん罪の共犯者、メディア
* 犯人視報道

* 実名報道

 4 **弁護士に関して** 104
  * 足利事件一審段階までの弁護活動
  * 氷見事件での弁護活動

 5 **えん罪被害の悲惨さ** 107
  * 免田栄さんのえん罪被害の状況
  * 生活が破壊される──日弁連のアンケートから
  * その他の事例

IV えん罪を防ぐには

 1 **捜査機関が取り組むべきこと** 116
  * 憲法・刑事訴訟法の理念の徹底
  * ノルマの廃止
  * 取調べの可視化
  * 代用刑事施設(いわゆる代用監獄)の廃止

- * 証拠の全面開示
- * 身体拘束場所の改善
- * 警察、検察への個人責任追及制度の確立
- * 検察官上訴の廃止

2 裁判所に関して 134

- * 裁判官の意識改革
- * 判検交流の廃止
- * 弁護士を裁判官に採用すべき

3 メディアに関して 139

- * 犯人視報道の改善
- * 原則匿名報道の採用
- * 法学説の役割

4 弁護士に関して 145

- * なぜ刑事手続で弁護士が重要なのか
- * 刑事弁護士支援体制の強化

おわりに 156

【資料編】「被疑者ノート」(抜粋、日本弁護士連合会発行) 166

日本国憲法下における主なえん罪事件 174

装丁＝商業デザインセンター・増田 絵里

I 憲法学者のえん罪体験記

最初に簡単な自己紹介をしておきたい。

私は憲法学者であり、現在は名古屋学院大学で「行政法」「憲法」「平和学」などの授業を担当している。

中学校の授業で「朝日訴訟」のことを聞いたのが憲法学者になるきっかけだった。日本国憲法二五条では、「すべて国民は、健康で文化的な最低限度の生活を営む権利を有する」とされている。

しかし、「朝日訴訟」で問題となった朝日茂さんはどうだったか。朝日さんは重度の結核で国立岡山療養所に長く入院していたが、一九五七年当時の生活保護法に基づく「保護基準」では、ちり紙は一日に一枚、タオルは一年で一本、下着も二年で一着しか買えない状況を強いられていた。こうした状況では「健康で文化的な最低限度の生活を営む権利」(=生存権)が保障されないとして朝日さんは訴訟を起こした。第一審ではそうした生活を強いる政治は憲法二五条違反とされた。この判決を受けて生活保護基準は一気に一八％も引き上げられた。しかし高等裁判所では憲法に反しないとされ、「憲法の番人」である最高裁判所もそうした政治を認めた。こうした生活ではとてものこと、「健康で文化的な最低限度の生活」とは言えないだろう。

私は、このような政治状況を何とかしたいとの思いから憲法学者への道をめざした。だから、

I 憲法学者のえん罪体験記

早稲田大学大学院法学研究科に入学したとき、福祉以外の憲法問題にも取り組むようになった。そうした思いは今も変わっておらず、最近は医療政策に関する論文を看護師さんの協力を得て執筆した（注1）。

また、研究者としての道を歩むにつれて、福祉以外の憲法問題にも取り組むようになった。二〇〇三年、日本を代表する軍事ジャーナリストである前田哲男氏と『国会審議から防衛論を読み解く』（三省堂）を出版したが、そこでの勉強を通じて軍事問題についても研究するようになった。

前田先生からはいろいろなことを学んだが、現場を見る重要さを教えていただいた。「事件は会議室で起きているのではない。現場で起きているんだ」という、あるドラマのセリフではないが、現場を見ないで議論をすると「机上の空論」となりやすい。

そうならないためにも、軍事問題を論じる際には基地などに行き、自衛隊員や基地周辺で基地問題に詳しい人、地域住民などから話を聞くようにしている。

事実調査を踏まえた憲法論を提示する。

それが私の基本的なスタンスになっている。

また、主権者である国民に憲法に関する問題を提起するという視点から、警察や検察の取調べ、裁判所の現状、裁判所の問題も論じたことがある。あまりにもひどすぎる警察や検察の取調べ、裁判所

の事実認定に対して憲法学者として座視できないとの思いから、二〇〇七年一〇月と二〇〇八年一月、「憲法からみた『あるべき刑事手続』とその現状」という研究ノートを名古屋学院大学の論集に執筆した（注2）。その研究ノートでも痴漢えん罪の状況も問題にした。

ただ、正直言って、あまり本腰を入れて執筆したものでなく、内容も満足のいくものではなかった。後日、きちんとした形で世に問う必要があると思っていた。

その後、「えん罪」という体験を踏まえた憲法論を提示することになるとは、二〇一一年五月三日までは夢にも思わなかった。

1 逮捕から釈放されるまで

逮捕（五月三日）――「任意捜査」がいきなり「現行犯逮捕」に

逮捕の状況

二〇一一年五月三日二〇時三四分、私は痴漢の現行犯として広島で逮捕された。結婚を一週間後の五月一〇日に控え、婚約者とその両親と広島に旅行に来ていた。夕方に婚約者と両親との食事を終え、いったん旅館に戻り、牡蠣を食べられる店を探しに私は一人で出かけた。

私はまず、広島駅近くのガード下付近の店を見たが、牡蠣だけを食べられそうな店を見つけられなかった。そこで駅ビルに向かうことにした。ガード下から駅ビルに向かう途中、それほど広くない歩道を六人（もっと多く感じたが、警察や検察によると六人だという）で横一列に並んでい

た高校生の集団を追い抜こうとした。仲間と話しながらゆっくり移動していたためであろう、自転車に乗っていた女子高校生がよろけて私にぶつかった。

その女性はしばらくして私のほうを振り返ると、悲鳴をあげ、私から離れた。

「自分からぶつかってきてそんな反応はないだろう」と思いつつも、若い女性特有の大げさな反応と考え、気にも留めずに広島駅ビル二階にある店に行った。

駅ビル二階のお好み焼きの店がたくさんある場所で、婚約者に電話をした。電話をしたのは二〇時一三分、婚約者が電話に出た。「駅にいるから来て」と言った。

するとその直後、後ろから数人の警察官が私の両腕を強くかかえ、「署に来い」と言った。

なんでこんなことをされるのかわからず、強く抗議した。

警察官は「任意だ」「覚えがあるだろう」と言った。

覚えなどないので、「何なんだ」としばらく警察官と揉み合った。

すると警察官が「痴漢だ」と言ったので、さっきぶつかった女子高生かもしれないと思った。

しかし痴漢という、卑劣な行為は絶対にしていない。

そこで「やっていない」と強く反論した。

「任意捜査だ」と警察官は言い続けるが、両腕を強く抱え、私が動けないような状況にしての任意捜査はありえない。明らかに憲法違反、刑事訴訟法違反の行為だ。

I　憲法学者のえん罪体験記

そう感じた私は警察官に強く抗議した。

しかし広島県警は「任意捜査だ」「署まで来てもらう」との繰り返しで、私の両腕を力ずくで抱えて無理矢理連行しようとした。

こうして警察官と駅ビル二階で二〇分くらい争っていただろうか。

周りにはかなりの人だかりができていた。

争っているうちに、婚約者がエスカレーターを駆け上がってくるのが見えた。

そこで抵抗をやめた。

すると警察官はまず左手に手錠をかけ、そして婚約者の目の前で右手に手錠をかけ、「二〇時三四分、現行犯逮捕」と言い出した。

さっきは「任意捜査」といったのに、手錠をかけたら「現行犯逮捕」だという。

二〇〇九年六月二五日、電車内での痴漢事件に関して最高裁で無罪判決が出たことを受けて警察庁は逮捕の必要性を慎重に判断するように全国の警察に通達を出したが、そんなこともお構いなしだった。

そしてなにより、こんな憲法違反、刑事訴訟法違反の行為を警察は公然と行なっている。

私は仰天した。

ただ、婚約者には事情を説明しなければと思ったので、パトカーに連行されるまでに「女子高

17

生にぶつかって痴漢と勘違いされたが、痴漢などはしていない」と語りかけた。婚約者も「わかっている」と言ってくれた。

その後、パトカーで広島東署に連行された。

取調べ、留置場――「二一番」と名付けられた

その後、広島東署で取調べを受けた。

正直に話せばわかってもらえると思い、事情を説明した。しかし、取調べを担当した刑事たちは私の言い分などを全く聞く様子もなかった。

取調べられている場所から署内の様子が見えたが、多くの警察官が暇そうにしていた。刑事は私を犯人と決めつけて「正直に話せ」とか、「写真がある」などと嘘をついて自白させようとしたが、私は痴漢をしていないので否認を続けた。

五月三日の夜中に取調べが終わり、留置場（注3）に泊まらされた。所持品も全て取り上げられたし、留置場に入れられる前には下着一枚の姿にさせられ、身体検査をされた。

私は「二一番」と名付けられた。以後、留置場内では名前ではなく、番号で呼ばれることになった。そのこと自体、被疑者を人間と見ていない証明だと感じた。

何とか寝ようとしたが、こんな状況で眠れるわけがない。しかもコンタクトが痛いので、私の

I 憲法学者のえん罪体験記

目薬を持ってきてくれと頼んだが、拒否された。そのためか頭が痛くなったので、警官を呼び、頭痛薬をもらった。

「何で僕がこんな目に遭うんだ」「婚約者は僕のことをすごく心配しているだろうな」……そう考えるとなかなか寝つけなかった。

二日目（五月四日）──「あなたが犯人だと思っている」という刑事

朝の食事と運動（？）

五月三日の夜、「朝九時まで寝てよい」と言われた。

いろいろなことを考えていたので、どの程度熟睡できたか、正直わからない。実際には朝六時に起こされ、七時に朝食が出された。

「九時まで寝てよいと言われたんですけど、後で朝食を食べることはできますか」と警官に聞いたら、できないとのこと。やむを得ず七時に朝食を食べる。

食事の量はそれなりにあるが、野菜などはなく、油っこいものばかりだった。コップにお茶や白湯が出されたが、プラスチック容器の味がして、とてものこと、飲めたものではなかった。こんな食事を一〇日も続けたら体を壊すだろうと思った。

その後、八時三〇分から九時三〇分まで、交替で「運動」ができることになっていた。

「運動？」

何ができるんだろう。正直、それが感想だった。

同室の人に「運動って何ができるんですか？」と聞いた。

すると「タバコを吸うだけだよ」と言われた。

「それだけではないだろう」と思い、実際に「運動」なる場所に行ってみたが、警察署の中庭のような場所に一〇人以上が集まってタバコの煙にむせてしまった。

ただ、多少とはいえお日様の光に当たることができるので、こんな状況でも多少健康には良いかもしれないと思った。

かなりの近眼の私はコンタクトや眼鏡がないと目つきが悪くなってしまうので、「コンタクトや眼鏡がないので目つきが悪くなってしまいますが、睨んでるわけではないので了解してください」と言った。

すると警官が「大丈夫だよ、こいつらは睨まれると嬉しくてうきうきするよ」と言った。

その言葉にみんな笑い出した。

そんな人たちには見えないが、ここから出ると凶悪な犯罪などをするのであろうか。

I 憲法学者のえん罪体験記

不思議な感じだった。

そして部屋に戻り、一〇時頃だと思うが、婚約者や東京から駆けつけてくれた母から眼鏡と洋服の差し入れがあった。

眼鏡が無くて正直、困っていたので、眼鏡の差し入れはありがたかった。

ただ、こんな汚い留置場で母や婚約者が差し入れてくれた洋服を着る気になれなかった。せっかく差し入れてくれたが、洋服は着なかった。

取調べ

一一時くらいから取調べが始まった。

取調べをしたのは目が細くてかなり太った刑事であり、いかにも性格の悪そうな人間であった。

この取調べの中で、私は憲法や刑事訴訟法の理念が全く守られていない現状を再確認した。

憲法では、犯罪を行なったかどうかを決めるのは裁判官であり、被疑者・被告人（注4）は裁判で有罪が確定するまでは無罪なものとして扱われるという「無罪推定の原則」が適用されるはずである。

そして憲法や刑事訴訟法では、法的な立場としては警察や検察は被疑者・被告人と対等な当事者であり、両者の主張・立証に基づいて裁判官が有罪か無罪かを判断するという「当事者主義」

が基本原理とされている。

犯罪者だと決めるのは裁判官であり、法的には対等な立場である警察が私を責め糺すことはできないはずである。

ところがこの刑事は自分が裁判官であるかのように振るまい、私が犯罪を行なったとして断罪しはじめた。

取調べの最初から「私は見ていないが、あなたが犯人だと思っている」「あなたは犯人だ」「嘘をついている」「認めないなら裁判所で堂々と勝負しましょう」「正直に言いましょう」などと繰りかえした。

「見ていないのに私を犯人などと、この刑事はなぜこんなに自信を持って言えるのだろうか?」

と、私は思った。

「二人に触った」とこの刑事は言うので、「一人にはぶつかったが、二人に触っていない」と言っても、この刑事はまったく聞く耳を持たなかった。さらには「あなたは反省していないから、検事や裁判官に報告する」とも言われた。

「こいつが悪しざまに私のことを検事や裁判官に言うのであれば、勾留も長くなる」……そのときは覚悟した。

刑事訴訟法では、検察が裁判所に勾留請求を行ない、裁判所が認めれば最大二三日まで被疑者

22

I　憲法学者のえん罪体験記

の身体を拘束できる（注5）。その間に起訴されれば、身体拘束の期間はさらに長くなる。こんなに長期間にわたり身体が拘束されたらかなり不利になる。こんな脅迫的な取調べでは、警察の脅しに屈し、たとえやってなくてもやったと虚偽の自白をする人も少なくないだろう。

こうして警察はえん罪を作り上げ、多くのえん罪被害者が言語に絶する苦しみを味わう。そう思うと私も頭にきて、「痴漢に関するえん罪が多くあるが、そのことについてどう思いますか」とその刑事に聞いた。

その刑事は「えん罪があるのは知っているが、今回はそうではない」と言い切った。

そこで取調べが終わり、私は留置場の部屋に戻された。

当番弁護士との接見

五月三日に逮捕されてから少しして、私は当番弁護士を要請した。正確な時間は覚えていないが、四日一五時頃だったであろう。留置場で当番弁護士と接見することになった。

留置されている間、私は弁護士をどうしようか考えた。私も法律を専門にしている以上、早い段階で弁護士に無罪証明の活動をしてもらわないと不利になると思っていた。

ただし、実力や正義感のない弁護士ではかえって事態は悪化する。実際には罪を犯していなく

23

ても、弁護士が十分な対応をしないために裁判で有罪にされた事例を多く知っている。そこでまずは当番弁護士を要請し、当番弁護士を通じて一〇年以上の知り合いであり、実力と正義感を兼ね備えた内田雅敏弁護士に依頼しようと考えた。

そこで当番弁護士を要請した。

実際に当番弁護士として接見していただいた谷脇裕子弁護士は、私が逮捕された事情を話すと、警察の対応は憲法や刑事訴訟法違反の行為であること、えん罪の可能性が高いと強く思っているようだった。

「この弁護士さんなら大丈夫かもしれない」——そう思ってその場で谷脇弁護士に私選弁護人の依頼をした。同時に東京でお世話になっている内田雅敏弁護士に連絡をとってくれるようにお願いした。

こうしたえん罪被害に遭うのは正直、「不幸」以外のなにものでもない。しかし、四日の当番弁護士が谷脇弁護士だったのは「不幸中の幸い」だった。谷脇弁護士には精神的にも助けられただけでなく、その後の機敏かつ適切な弁護活動の結果、私は救われることになった。

留置場の劣悪な環境

留置場も二日目になると多少は慣れてきて、相部屋の人ともいろいろ話すようになった。そ

I 憲法学者のえん罪体験記

の人は九州出身で、広島で窃盗をして逮捕されたと言っていた。四月二九日から留置場にいると言っていたが、やはり留置場にいるのは辛いのだろう。朝などは祈るような格好をして座っていた。そして経済的な負担を考慮し、弁護士を依頼するかどうかを迷っていたようだった。

私も逮捕されたいきさつを話した。私の話を聞いて、彼は「なんで逮捕したんだろう。警察もよっぽど自信があるのかな」と言い、私がやっていないと思ってくれたようだった。

ただ、否認を続ければ検察に勾留請求され、一〇日間の勾留が裁判所により認められるので、やっていない犯罪でも認めたほうが早く釈放されるという雰囲気があると言っていた。こうした留置場の雰囲気も、えん罪を生みだす土壌となっていることを実体験した。

ちなみに留置場だが、人間が住む場所とは思えないほど劣悪な環境だった。畳に直接触れていると、二日目にはなんだか体がかゆくなっている気がした。歯磨きも朝と夜しかできず、昼は磨くことができない。布団もまさに「せんべい布団」であって、冬などはこれでは寒いだろう。広さだが、一六八センチしかない私でも体を伸ばすことが困難だった。同室の人は身長が一八〇センチくらいあったと思うが、狭い部屋なのでまっすぐ体を伸ばすことができず、体をかがめて寝ていた。

取調べの時以外は他にすることがないので、留置場に置いてある本の中から気に入った本を取り寄せて読んだ。本のリストをみても、たいして関心をひく本はなかったが、なにもないよりは

ましだった。

三日目に釈放（五月五日）――一文無しで検察庁を放り出される

弁護士との接見の後、検察庁へ

朝六時に起床させられ、その後、洗面、朝七時に朝食を食べた。

入浴は一週間のうちで月曜日と木曜日の二日だけ。しかし、私は新入りなので入浴が遅くなるといわれた。ただし、この日に検察の取調べがあるので、その前に入浴できると言われた。

そして風呂に入ろうとしたとき、おそらく朝七時四〇分くらいだと思うが、弁護士の接見があると言われた。

昨日接見してくれた谷脇弁護士に加え、長くお世話になってきた内田雅敏弁護士の紹介で、法律家の間では刑事弁護のやり手として定評のある足立修一弁護士が接見に駆けつけてくれた。足立弁護士は今後の見通しや、嘘の自白をしないように私を勇気づけてくれた。また、谷脇弁護士からは「信じてる」などの婚約者の言葉を伝えてもらった。

取調べの段階で虚偽の自白をすればあとでかなり不利になることは、法律を専門にしているのでわかっていたが、正直なところ、たとえやってもいない犯罪でも、家族、とりわけ婚約者のこ

I　憲法学者のえん罪体験記

しかし、谷脇弁護士、足立弁護士に精神的にも支えていただくことで、たたかう決意が固まった。

両弁護士との接見は一時間三〇分くらいで終わった（注6）。

そして、その直後に検察に送られるという。

当分釈放されないだろうと思ったので、「風呂にはしばらく入れない」と思った。

検察庁に送検される前、「マスコミが来ているが、顔を隠すか」と聞かれた。

私は一瞬迷った。

「何も悪いことはしていないので、顔を隠す必要はない。堂々としよう」とも思った。

ただ、テレビや写真などで顔が映し出されれば、社会的には私が痴漢をしたような印象を与えてしまうだろう。テレビではこうした光景を何度か見たが、まさか私がこんな体験をするとは思ってもみなかった。結局、顔を隠して護送車に乗り込んだ。

検察官の取調べと勾留請求

検察官の取調べを待つ間、大きな部屋で待たされた。「検察に送られると暇で退屈だ」と同室の人が言っていたが、たしかに留置場のように本を読むこともできず、本当に退屈だった。

そこには何人かが連れて来られていたが、「なんで窃盗罪は三年で出られるんや。三〇年くらいぶち込んでおけばいいのに」と大声でわめいている人がいた。

一一時ころだったと思うが、検察官の取調べを受け、警察に話したのと同じことを検察官に話した。

当然のように、検察官も私を信用せず、裁判所に勾留請求をした。

裁判官が「勾留請求」を却下

検察の取調べが終わり、元の場所に戻った。なにもやることはなく、ぼーっとしているだけである。暇なのは警察も一緒で、居眠りをしている警察官が何人もいた。

一五時過ぎ、裁判官に呼び出された。

これから裁判官による勾留質問（注7）がはじまるが、「勾留請求」が却下された事例など、私は聞いたこともなかった。だから少なくとも一〇日間は勾留されるだろうと覚悟していた。

ところが裁判官に事情を話すと、裁判官の対応は丁寧であり、終わりのほうでは私に、「検察から呼び出された際、取調べには応じますか？」などの質問をされた。そこで「もしかしたら釈放されるかも」という期待を持った。

I　憲法学者のえん罪体験記

一六時三三分、広島地方裁判所は検察の勾留請求を却下した。通常は検察による準抗告（注8）がある。検察による準抗告がなされるとその日は釈放されない。しかし検事は準抗告をしなかった。

そこで一六時四七分に私は釈放された。

釈放——徒歩四〇分かけて広島東署に戻る

検察庁の職員から、「釈放されました。広島東署まで荷物を取りに行ってください」と言われた。

いきなりそう言われても、広島の人間でない私は、検察庁から広島東署までの行き方や距離がわからない。

そこで検察庁の職員に「ここから広島東署まではどれくらいですか」と聞いた。

すると検察庁の職員は「歩いたら四〇分くらいです」と答えた。さらには「タクシーで帰られたらどうですか」とも言われた。

私は「お金を持っていません」と答えた。

すると「お金は少々持っていると警察から聞いたのですが」とその職員は答えた。

この返答を聞いて、またしても頭にきた。広島東署で携帯電話や財布など、すべて取り上げら

29

れている。お金など持っているわけないのに警察はこうした嘘を平気でつく。ちょうどそこに、私を検察庁まで連れてきた警察官が通りかかった。

「広島東署まで乗せていけ」と私は言った。

するとその警官は「釈放された人を乗せることはできません」と答えた。違法かつ勝手に身体を拘束してここまで連れてきたのに、釈放したら「自分でどうぞ」という警察の対応。しかも広島の人間でないのに、ここから勝手に広島東署まで行けといわれても、行けるわけがない。ほんとうに頭にきたので「おまえらが連れてきたんだろう。お金を持っているなどとすぐにわかる嘘をつきやがって。乗せていけ」と再度要求した。

しかし警察は「管轄が違います」と言って私の前を通り過ぎようとした。私は「管轄が違うと言うけれど、ここに連れてきたのは警察だろう」と言った。

警官は返答せずに去った。

釈放されたことは連絡されるはずなのでここで待っていようとも思ったが、警察から再び憲法違反、刑事訴訟法違反の身体拘束をされる可能性があると考え、ここから離れようと思った。

検察庁の職員からは再び「タクシーを使ったらどうですか」と言われた。疲れていたし、広島東署で荷物を受け取れるのなら、それでもよいと一瞬思った。しかしお金を持っていないので、結局は歩いて広島東署まで行くことにしたのだが、その判断は何かあったときにいやだと思い、

I　憲法学者のえん罪体験記

正解だった。

というのは、私が広島東署に着いて「荷物を渡してくれ」と言っても、「業務多忙」などという理由で「一時間待ってください」と言われたからだ。もしタクシーを使っていたら、待たせたタクシー代がいくらになったであろうか。

結局、広島検察庁から広島東署まで、歩いて移動した。安いサンダルで靴下もはいていないし、ズボンは私のものだがシャツは留置場で借りたきわめてぼろいシャツ、そして風呂も入っていないし、ヒゲも剃っていない。おそらく浮浪者にしか見えなかったであろう。

「無実かどうかはわかりません」と言い放つ広島東署員

広島東署に入ると、入口のあたりで多くの警察官が雑談をしていた。

「広島県警は本当に暇だな」と再び黒った。

なかには五月四日に私を取調べた、例の「えん罪製造」刑事もいた。この刑事を含め、雑談していた多くの警察官たちは私を見るとそれまでの笑顔が消え、みんな一目散にいなくなった。

そして荷物を渡してほしいと伝えると、「検察庁からは連絡が来ているが、忙しいので一時間待ってください」と言われた。

私は東京から駆けつけてくれた母や婚約者に一刻でも早く会いたかった。そこで検察庁を出

るときに「釈放されたから荷物を取りに行くことを広島東署に連絡してほしい」と伝えてあった。検察庁からは釈放されたとの連絡があったようだが、広島東署はそうした対応をとっていなかったのだ。

入口では多くの警官が談笑していて「忙しそう」には全く見えなかったのに、私が荷物を返してほしいと要求すると、「忙しい」などという。

本当に頭にきたので、「無実の人間を違法に逮捕したんだろう。早く持ち物を返せ」と言った。

すると若い女性警官が「無実かどうかはわかりません」と強い口調で答えた。

「広島県警には無罪推定の原則という考えがない」

そのことを再確認した。

こうした警察の対応に、今度は「公務執行妨害」をでっち上げられて再び逮捕されるかもしれないと考え、警察署から離れた場所（正確には警察署の入口が見える場所）に移動した。

その後、二〇分くらい待ったであろうか。足立弁護士や谷脇弁護士、さらには母や婚約者が広島東署に来た。

広島東署は、「釈放されたら連絡します」と婚約者に言ったらしいが、ここでもまた嘘をつき、釈放されたことを弁護士や婚約者らに連絡しなかった。釈放されたことを知らなかった母や婚約者は広島検察庁に行き、そこで釈放されたことを知ったのだという。そのために入れ違いになった者は

I　憲法学者のえん罪体験記

た。

こうした場合、テレビドラマであれば母や婚約者と涙の再会、抱擁となるのかもしれない。しかし、警察で借りた汚い洋服、何日も風呂に入っておらず、朝から歯も磨くことができず、さらには広島地検から広島東署まで急ぎ足で移動したために汗もかいていて、人に近づくのもいやだった。だから、実母や婚約者に私は「近づかないで」と言ってしまった。婚約者は私のそうした対応を「冷たい」と感じたようだった。

そして広島東署に再び入った。そこで荷物を受け取り、谷脇弁護士の事務所に向かった。

メディアへの対応──「逮捕報道」の削除と「釈放報道」の要求

谷脇弁護士の事務所に着くと、足立弁護士、谷脇弁護士は報道機関が今回の私の件についてどのように報道しているかをすぐに調べてくれた。

地元の中国新聞は警察発表に疑問を感じたこと、私が否認しているという事情を聞いて実名ではなく匿名報道であったが、共同通信社（音光香菜美記者）の配信記事をはじめとして、NHK、広島テレビ、メーテレ、中京テレビ、朝日新聞、毎日新聞……と、かなりの報道機関が広島で痴漢をして現行犯逮捕されたと実名で報道していた。

朝早くから私のために活動してくれていて、谷脇弁護士も足立弁護士もとても疲れていたと思

う。しかし、「こうしたことはすぐに対応しないと」と言って、二人の弁護士はネットで私の事件を実名で報道している報道機関に対し、釈放された事実も報道すること、さらには逮捕された記事を削除するように要求してくれた。報道機関の中には逮捕や起訴された事実は報道しないと返答するところもあった。

しかし、足立弁護士や谷脇弁護士は粘り強く交渉してくれた。その結果、多くの報道機関で釈放された事実が報道された。

また、かつて私が「改憲手続法（憲法改正国民投票法）」の講演をしたときにお世話になった東京の高木一彦弁護士から事情を聞いた、元広島弁護士会会長の石口俊一弁護士も駆けつけてくださった。石口弁護士は、広島で私の事件がどのように扱われているのか、メディアはどのような対応をしているのかなど、いろいろな情報を調べた上で今後の見通し、とるべき対応などについて適切なアドバイスをしてくださった。弁護士の実力によって裁判の行方が左右されることもあるが、少し話しただけでも弁護士としての石口弁護士の力量がわかった。石口弁護士が加わってくれたのもとても心強く感じた。

2　激変した生活

釈放後の被害の状況

まず、私が逮捕されたことは東海地方ではかなり報道され、広まった。いろいろな人から連絡がきた。

知人の話によれば、私の事件があった直後に「痴漢」とネットで検索すると、真っ先に出てくるのは私の名前だったそうだ。

そして現在でも私の名前を検索すると、私が痴漢をしたという記事があふれている。不起訴処分になったのは八月だが、一一月にも「とんでもない教師」といった書き込みがなされている。

また、当然のことながら後日、学校から呼び出された。できるだけ人目に触れないように大学

も考慮したのであろう、呼び出されたのは日曜日であり、職員や学生は当然いなかった。そこで事情を聞かれ、後日、検察の処分が確定するまでとりあえず業務を自粛することになった。やってもいない犯罪だから、大学からの自粛要請などを素直に受け入れるかも迷った。しかし、大学としても、痴漢の疑いがかかった教師に学生と接する機会を認めるわけにはいかなかっただろう。そう考えて大学からの自粛要請を受け入れた。

そのために私の授業を受けていた数百人の学生や、私の代わりに授業をせざるを得なかった教師、私のために様々な対応をしなければならない学校関係者にも多大な迷惑をかけることになった。

また、こんな事件に巻き込まれなければ、二〇一一年九月から一年間、私はフランスやドイツの憲法理論を研究するために、フランスに研修に行くはずだった。しかし、不起訴処分が出たのが八月二四日であり、九月からのフランス留学は学内手続が間に合わず、留学を辞退せざるを得なくなった。六月にはフランスに下見に行く予定であり、購入済みの航空チケット（三〇万円）もキャンセルした。その他の経済的損失も大きかった。

精神的にも処分保留の間、私や家族は心が休まる日がなかった。地元で最大のシェアを誇る『中日新聞』に住所まで記事にされたので、しばらくは外出するのも躊躇したし、フランス語会話や英会話の学校に通うこともできなくなった。また、知り合いの

I　憲法学者のえん罪体験記

店にも行きづらくなり、現在も行くことができない状況にある。

当時の私は、怖がって歩いているように見えると妻（予定通り、五月一〇日に入籍した）は言っていたし、不起訴処分が出るまでは険しい顔つきだったと母も言っていた。しばらくは他人、とりわけ若い女性とは話すのも怖くなっていた。

不起訴処分が確定して私も大学の通常業務に復帰することになったが、遠くから私の姿を見つけて駆け寄って声をかけてくれる学生、私を見て泣き出す学生などを見ると、本当に申し訳ない気持ちになった。私は書類の整理が下手で、資料を入れた段ボールを研究室の外の廊下に置いているが、それが誤解され、「先生は学校を辞めるのですか」というメールも学生からあった。また、ここには詳しく書けないが、妻やその家族の心痛も少なくなかった。

警察に対して国家賠償訴訟を考えたが……

広島県警による憲法違反・刑事訴訟法違反の逮捕の結果、私はさまざまな損害を被った。警察のこうした対応が改められない限り、えん罪被害は後を絶たないだろうと考えた私は、広島県警に対する国家賠償訴訟を考えた。しかし、警察への国家賠償訴訟はやめたほうがよいとの結論になった。

「また逮捕されるかもしれない。警察はそういう組織だ。我が身を守るためにも広島県警に対する国家賠償訴訟は起こさないほうがいい」というのがその理由であった。

思い知らされたメディアの体質

私が不起訴処分になった際、担当弁護士に「警察に対して裁判などを起こすのですか」といったような質問をした新聞社があったという。
警察に対して怒りが収まらないのは当然のことだが、私の事件を警察発表のままに報道したメディアにも警察と同じように怒りを感じていた。
今後どうするかは別にして、二人に触った、私が広島に一人で来ていたなどという、明らかな誤報記事を書いた『毎日新聞』と、共同通信からの配信記事に変更を加えて私の勤務校の大学名を記載し、私の住所まで書いた『中日新聞』に石口弁護士、足立弁護士、谷脇弁護士の連名で抗議文を出した。

これらの新聞社が謝る気などはないとは思っていたが、その回答はどうだったか――
中日新聞は「中日新聞では逮捕後も飯島氏の名誉回復をフォローし、飯島氏が釈放されたことや不起訴になったことをそのつど報じ、飯島氏の名誉回復に努めました。ご理解頂くようお願い申し上げま

『毎日新聞』二〇一一年五月五日付
【見出し】痴漢：名古屋学院大の准教授痴漢容疑　広島で高校生触る
【本文】広島県警広島東署は3日、名古屋市○○区、名古屋学院大准教授、飯島滋明容疑者（41）を広島県迷惑防止条例違反の疑いで現行犯逮捕した。飯島容疑者は否認しているという。
　逮捕容疑は、3日午後8時ごろ、広島市南区の歩道で女子高生（17）の太ももを触り、近くで別の女子高生（17）の腰も触ったとしている。飯島容疑者は、休暇で1人で広島を訪れていたという。【寺岡俊】

『中日新聞』二〇一一年五月五日付
【見出し】女子高生触った容疑
【本文】広島県警広島東署は3日、県迷惑防止条例違反の疑いで○○区□□△、名古屋学院大准教授飯島滋明容疑者（41）を逮捕した。逮捕容疑は3日午後8時ごろ、広島市南区大須賀町の歩道で女子高校生（17）の太ももを触り、その後同区松原町の路上で別の女子高校生（17）の腰を触ったとされる。「触った覚えは一切ない」と否認している。目撃者が近くの交番に通報した。

（※編集部注＝記事中の○○は区名、□は町名、△は丁目が明記されている。）

す」と、まだそれなりの対応に思えた。

しかし毎日新聞はどうか。

例えば、「本件報道で弊社は逮捕段階から准教授が否認している事実を書き、その後の釈放、さらに不起訴処分についても速やかに報道しました」などと回答したが、釈放の記事が掲載されたのは広島版だけであり、名古屋版には掲載されていなかった。逮捕されたことは名古屋版で報道しながら、釈放されたことは広島版でしか報道しない。こんなふざけた回答を『毎日新聞』はぬけぬけと行なう。

また、「弊社は事件・事故に際しては、実名報道を原則としつつ、人権を最大限に重視して報道に当たるという基本姿勢を掲げています。今回のご指摘を貴重なご意見と受け止め、改めて徹底する所存です」などという、人を馬鹿にした回答をしてきた。

私の意見を受け止め、人権を重視することを徹底

するなど、単なる逃げ口上としか思えなかった。

石口弁護士、足立弁護士、谷脇弁護士と問題にしたかったのは、事実を確かめもせずに警察発表だけで実名報道を行わない、無実の人間を犯罪者のように印象づける報道のあり方だった。

そうした思いで出した抗議文に対して、『毎日新聞』の回答はあまりに不誠実だった。

中日新聞も毎日新聞も、多くのえん罪事件を問題にしており、警察や検察の問題点などを知っているはずなのに、警察だけの情報で逮捕された事実を実名で報道するのはなぜか。両社ともに「実名は基本です」といった回答をしてきた。

しかし、毎日新聞も中日新聞も、警察官が逮捕された場合や不祥事を起こした際の記事には匿名が多い（具体例は一四一〜一四二ページ参照）。

これは明らかに矛盾ではないか。

そう考えて、再び抗議文を『中日新聞』と『毎日新聞』に出した。

抗議文の基本的な柱は、「足利事件、氷見事件、志布志事件、布川事件、郵便不正事件など、多くのえん罪事件が生じているが、警察情報にだけに依拠して実名で報道することをどう思うのか」ということと、「権力の監視」「実名は報道の基本」と言いながら、警察などの犯罪の際には匿名で報道するのは矛盾ではないか、というものであった。

そうした再抗議文に対する回答が『中日新聞』や『毎日新聞』からなされた。中日新聞は「万

I　憲法学者のえん罪体験記

が一、報道内容に誤りがあった場合の責任は、まず共同通信社が負うものと考えております」として、責任がないと回答した。

毎日新聞は、「貴殿のご意見と受け止め、お答えする立場にないと考えます」などとの回答がなされた。

三日間の逮捕だけなら大した被害でなかったかもしれない。しかし、名古屋などで大々的に報道されたことで、私や家族だけでなく、大学関係者をはじめとする多くの人々に被害を与えたのだ。にもかかわらず、取材もせずに誤った記事、犯人のような印象を世間に与える記事を書き、そのことについても責任を取ろうともしないメディア。

中日新聞や毎日新聞とのやり取りを通じ、大きな人権侵害を犯しても責任を取ろうとしないメディアの体質を実感した。

【注】
1　「日本の医療政策と憲法」という論文であり、名古屋学院大学社会科学編に掲載されている。インターネットで読むことができる。http://www2.ngu.ac.jp/uri/syakai/syakai-a.htm での飯島滋明の箇所を参照していただきたい。
2　http://www2.ngu.ac.jp/uri/syakai/syakai-a.htm を参照されたい。
3　「留置場」とは警察署の中に設置され、警察に逮捕された被疑者などを拘禁する施設である。

「拘置所」は裁判が確定するまでの間、未決勾留者（まだ有罪が確定していない者）の身体を収容する施設である。そして「刑務所」は裁判が確定し、懲役（労務が課される収容）、禁固（労務が課されない収容）などの刑罰が科せられた者が収容される施設である。ただし、死刑が確定した者は「刑務所」ではなく「拘置所」に収容される。

4 「被疑者」とは犯罪の嫌疑が持たれているが起訴（刑事裁判にかけられること）されていない者であり、起訴されれば「被告人」と呼ばれる。

5 逮捕の場合には最大七二時間身体を拘束され（刑事訴訟法二〇五条二項）、勾留の場合には一〇日ないし二〇日間身体が拘束される（刑事訴訟法二〇八条）。

6 原則として弁護士は被疑者・被告人と警察や検察などの立ち会いなくして自由に接見できる（刑事訴訟法三九条一項）。ただし「捜査のため必要があるとき」には、公訴の提起前に限り接見の日時や場所を指定できる（刑事訴訟法三九条一項）。

7 裁判官が勾留状を発する場合には被疑者に被疑事件を告知し、その意見を聞かなければならないが、その手続が「勾留質問」と言われる（刑事訴訟法六一条、二〇七条）。

8 裁判官の裁判である「命令」への不服の申立であり、ここで紹介すると「忌避の申立を却下する裁判」（一号）、「勾留、保釈、押収又は押収物の還付に関する裁判」（二号）、「鑑定のため留置を命ずる裁判」（三号）、「証人、鑑定人、通訳人又は翻訳人に対して過料又は費用の賠償を命ずる裁判」（四号）、「身体の検査を受ける者に対して過料又は費用の賠償を命ずる裁判」（五号）。

II 刑事手続に関する憲法上の権利

1789年人および市民の諸権利の宣言から
(いわゆる1789年「フランス人権宣言」)

七条(適法手続と身体の安全)
何人も、法律が定めた場合で、かつ、法律が定めた形式によらなければ、訴追され、逮捕され、または拘禁されない。恣意的な命令を要請し、発令し、執行し、または執行させた者は、処罰されなければならない。ただし、法律によって召喚され、または逮捕されたすべての市民は、直ちに服従しなければならない。その者は、抵抗によって有罪となる。

八条(罪刑法定主義)
法律は、厳格かつ明白に必要な刑罰でなければ定めてはならない。何人も、犯行に先立って設定され、公布され、かつ、適法に適用された法律によらなければ処罰されない。

九条(無罪推定の原則)
何人も、有罪と宣告されるまでは無罪と推定される。ゆえに、逮捕が不可欠と判断された場合でも、その身体の確保にとって不必要に厳しい強制は、すべて、法律によって厳重に抑止されなければならない。

II　刑事手続に関する憲法上の権利

1　大日本帝国憲法での刑事手続

法の王様である日本国憲法では、三一条から四〇条までは刑事手続に関する規定となっている。比率でいえば、「国民の権利および義務」の章の三分の一、憲法全体からいえば約一〇分の一が刑事手続にあてられている。

外国の憲法と比較しても、刑事手続にこれほど多くの規定があてられている憲法はない。なぜこれほど多くの規定が刑事手続となっているのか。

「公務員による拷問および残虐な刑罰は、絶対にこれを禁止する」(三六条)という規定がある。警察や検察が拷問をしてはいけないという、なんでこんな当たり前の規定が国の最高法規である「憲法」に書かれているのかと疑問に思うかもしれない。

しかし物事には理由がある。

そのことを理解するために、敗戦までの日本の刑事手続の状況を知る必要がある。敗戦までは、「一〇人の無実の者を罰しても、一人の真犯人を逃すな」という「必罰主義」が前提とされていた。そのために警察や検察による拷問が当たり前だった。一年近くも身体拘束されることが稀でわからずに警察が身体を拘束することが多く行なわれた。実際、本人すら理由もはなかった。そして警察や検察に拷問される。

拷問の例としてあげられることが多いのは小林多喜二である。小林多喜二は一九三三年二月二〇日正午過ぎに特別高等警察に「治安維持法」違反で逮捕されたが、その日の夕方には警察の拷問で虐殺された。死因は「心臓麻痺」とされたが、小林多喜二の死体をみると、指や前歯が折られ、蹴り上げられた睾丸や陰茎は通常の三倍にも膨れ上がり、こめかみや二の腕には焼け火箸を突き刺した跡があり、太腿には錐か千枚通しで刺されたような穴が一五、六カ所も残っていた。

次に、日本近現代史上、最大の言論弾圧事件と言われる「横浜事件」。一九四二年七月、国際政治学者の細川嘉六が親しい編集者などを招いて、自分の故郷である富山県泊町で一席設けたのが「共産党再建準備」の会議だと神奈川県特別高等警察がでっち上げ、「治安維持法」違反として六〇人以上の出版関係者などが逮捕された。短くて半年、長ければ三年間も獄舎につながれた。特高警察は「小林多喜二がどんな死に方をしたか知っているか！」「共産主義者のアバラ一、二本はみんなへし折っているんだ。検事局でもな、共産主義者は殺してもいいことになって

II　刑事手続に関する憲法上の権利

いるんだ」などと脅しながら凄絶な拷問を行ない、自分たちの妄想で作り上げたストーリーに応じるような自白を迫った。その結果、拷問で四名が獄中死、一名が保釈直後に死亡、一三人が失神、三一人がけがをさせられた。

小林多喜二や横浜事件の被害者だけが特別なのではない。荻野富士夫氏の近著『特高警察』（岩波書店、二〇一二年）によると、最も暴威をふるった弾圧法規である治安維持法を適用しての拷問・虐殺死は約八〇人、拷問による獄中死は一一四人、病気による獄中死一五〇三人にのぼった。

2 日本国憲法での刑事手続の内容

敗戦までのこうした刑事手続の状況について、皆さんはどう思うだろうか？私は授業の最後に毎回、学生たちに簡単なレポートを書かせているが、憲法の刑事手続の内容を大学の授業で講義する際、必ず敗戦までの刑事手続の状況を最初に紹介すると、「悲惨だ」といった回答が学生からなされることが多い。多くの読者もそうした感想を持つのではないだろうか。当然のことながら、こうした刑事手続の状況は人権尊重という理念とは相いれないとGHQ（連合国軍総司令部）でも考えられた。

占領軍総司令部民生局法規課長マロイ・E・ラウエルは「幕僚長に対する覚書き・私的グループによる憲法改正草案に対する私見」で、以下のように述べている。

（前略）日本では、個人の権利の最も重大な侵害は、種々の警察機関、とくに特別高等警察

II　刑事手続に関する憲法上の権利

および憲兵隊の何ら制限されない行動並びに検察官（検事）の行為を通じて行なわれた。あらゆる態様の侵害が、警察および検事により、一般の法律の実施に際し、とりわけ思想統制法の実施に際して、行なわれた。訴追されることなくして何ヶ月も何年間も監禁されることは、国民にとって異例のことではなく、しかもその間中、被疑者から自白を強要する企てがなされたのである。（高柳賢三・大友一郎・田中英夫『日本国憲法制定の過程I』有斐閣、一九七二年、二七頁）

こうした刑事手続のあり方では人権尊重がなされない。そこで、こうした悲惨な刑事手続のあり方を変え、「無実の者を誤って有罪としてはならない」という理念を実現するため、国の最高法規である日本国憲法には刑事手続に関する多くの規定が盛り込まれた。

まず、刑事手続での人権侵害を防ぐため、刑事手続も法律に従って行なわれること、刑事手続に関する法律も人権保障に適したものでなければならないという「適正手続主義」（憲法三一条）が採用されている。刑事手続での最たる人権侵害は「えん罪」なので、裁判が確定するまで「無罪推定の原則」が原則とされる。

戦前の不法逮捕・監禁への反省として、捜査機関による身体拘束に厳しい制限を課している。逮捕に関しては「令状主義」が採用され、現行犯以外の場合には裁判官が出す令状がなければ

逮捕できない（憲法三三条）。「令状主義」は住居への侵入・捜索・押収などにも適用され、現行犯の場合を除き、令状なしに住居、書類及び所持品について捜索及び押収をすることができない（憲法三五条）。

拷問で自白を得るといった刑事手続への反省として、「公務員による拷問および残虐な刑罰は、絶対にこれを禁止する」（憲法三六条）とされた。

また、「自白は証拠の王である」と言われる。拷問や脅迫などで自白させられた場合、自白が真実ではない場合がある。そうした自白だけで有罪にすれば無実の者を罰する可能性がある。そこで日本国憲法では「強制・拷問もしくは脅迫による自白または不当に長く抑留もしくは拘禁された後の自白は、これを証拠とすることができない」（憲法三八条二項）として、一定の自白は証拠にできないとしている。さらに「何人も、自己に不利益な唯一の証拠が本人の自白である場合には、有罪とされ、または刑罰を科せられない」（憲法三八条三項）として、有罪判決の際には被告人の自白以外の「補強証拠」も必要とされる。

そして憲法では「弁護人依頼権」（三四条、三七条三項）も保障されている。刑事手続での弁護人の役割と言えば、実際に犯罪を犯した人をうまく言いくるめて無罪にしてしまうといった誤解があるかもしれない。しかし、そうした理由で「弁護人依頼権」が憲法で保障されているのではない。犯罪を行なった者の弁護は良心的な弁護士には深い悩みを突きつける。憲法で「弁護人

Ⅱ　刑事手続に関する憲法上の権利

依頼権」が保障されているのは、警察や検察の暴力や脅迫により虚偽の供述をさせられた結果、誤って無実の者が有罪とされないように人権侵害違憲・違法捜査を監視することである。被拘束者は一般に、捜査官に対抗できるだけの法的知識がなく、身体を拘束されていることで精神的に不安定になり、通常の能力さえも発揮できない場合が多い。しかも無罪を証明するために有利な物証や証人を確保しておくことが不可欠にもかかわらず、身体を拘束されているために自らはそうした活動ができない状況に置かれている。そこで被疑者・被告人の代わりに無罪の証明を行ない、究極の人権侵害である「えん罪」を防止するために「弁護人依頼権」が保障されている。

さらには憲法三二条で「何人も、裁判所において裁判を受ける権利を奪はれない」とされ、刑事裁判を経ないで刑罰を科すことが禁止される。ただ、裁判を経なければ刑罰を科せられないというだけでは人権侵害、えん罪を阻止できない。裁判所が適切なものでなければならない。そこで憲法三七条一項では公平、迅速な裁判を受ける権利が保障されている。さらに刑事裁判での人権侵害を防ぐこと、公平な裁判を保障するために「公開裁判」（憲法三七条、八二条）が原則とされている。

3 刑事手続の現状

一九一八年一〇月、キール軍港の水兵の反乱をきっかけにして、ドイツでは一一月革命がおこった。皇帝ヴィルヘルム二世はオランダに亡命し、ドイツは共和国になった。そして一九一九年にヴァイマール憲法が制定された。ヴァイマール憲法では大統領を国民が直接選んだり、政治問題に関しても国民が直接意志表示をする「直接民主制」の制度が設けられた。また、「人間たるに値する生存」、憲法的に言えば「生存権」の保障が初めて憲法で定められた。こうした内容をもったヴァイマール憲法は当時、「最も民主的・進歩的な憲法」と言われた。

しかし、憲法が民主的・進歩的になればその国の状況も民主的・進歩的になるわけではない。「皇帝は去った。しかし将軍は残った」とヴァイマール時代のドイツの状況に関して指摘されている。ヴァイマール憲法は制定されたものの、帝政下の感覚を持つ保守的な将軍・官僚が依然としてヴァイマール時代にも影響力を持ったため、ヴァイマール憲法が想定したような民主的・進

II　刑事手続に関する憲法上の権利

　そうした状況は結果として生まれなかった。

　(Die Revolution hatte auch vor den Toren der Gerichte haltgemacht)と称されているように、帝政時代の保守的な官僚の中には保守的な裁判官も含まれている。「革命は裁判所の門の前でも止まった」め、民主的・進歩的な社会への移行は裁判官によっても阻止された。ヴァイマール共和国でもそのまま裁判官として居続けたたを持つ裁判官たちはヴァイマール憲法に敵対的な言動をした罪に関する裁判では寛大な判決を下した。「国家反逆罪」は国外追放処分が下されることになっているが、一九二三年の「ミュンヘン一揆」の首謀者であるヒトラーに懲役六カ月しか下さなかったのは、そうした裁判の最たる例と言えよう。ヒトラー政権が誕生した一因として裁判官の責任が挙げられるのはそうした事情による。

　ところで、敗戦後も戦前の警察、検察、裁判官がそのまま居座ったという状況は日本でも変わらない。小林多喜二を虐殺した直接の犯人である毛利基特別高等警察課長は、戦後は埼玉県警察部長まで勤めて退職した。彼は東久邇宮内閣時代に特別表彰までされている。同じく小林多喜二の虐殺に直接加わった中川成夫は高輪警察署長、築地署長を歴任し、東京都滝野川区長、北区教育委員長という要職についた。

　一切の反政府的言動を弾圧し、市民の自由と権利をはく奪した悪法である「治安維持法」を立

案し、「池田克抜きに治安維持法を語ることができない」と言われた池田克検事は、戦後はなんと、最高裁判所の裁判官になった。同じように敗戦まで国民を弾圧した裁判官であった斉藤悠輔も最高裁判所の裁判官になった（ちなみに彼は日米安保条約の合憲性が問題になった「砂川事件」で主任裁判官になった）。

敗戦までは「名刑事」として名をとどろかせた紅林麻雄は戦後も警察官として残ったが、彼は「幸浦事件」（注1）「二俣事件」（注2）「小島事件」（注3）「島田事件」（資料編）と言われた。そして拷問により自白をさせる「紅林方式」は「袴田事件」（資料編）一七〇ページ参照）にも影響を及ぼしている。

このように、敗戦までの人権侵害捜査を行なっていた警察官や検察官、裁判官が戦後の新しい憲法や刑事訴訟法の下でも活躍した結果、戦前の重大な人権侵害を伴う刑事手続は克服されなかった。そのため多くのえん罪が現在でも生じている。次の節では最近問題になった代表的なえん罪事件を紹介しよう（戦後のその他の主なえん罪事件は巻末に資料として掲載した）。

Ⅱ　刑事手続に関する憲法上の権利

4　最近の代表的なえん罪事件

布川（ふかわ）事件

　一九六七年八月三〇日、茨城県で六二歳の男性が自宅で殺害されているのが発見された。その年の一〇月、警察は桜井昌司さん（当時二〇歳）と杉山卓男さん（当時二一歳）を逮捕した。一九七〇年一〇月、水戸地方裁判所土浦支部は二人に無期懲役の判決を言い渡した。高等裁判所で控訴が棄却、一九七八年に上告も棄却される。一九九六年に二人は相次いで出所したが、再審請求を続け、二〇一一年五月二四日、水戸地裁土浦支部の再審（注4）で無罪判決が言い渡された。

　まず桜井さんは一九六七年一〇月一〇日に友人のズボンを盗んだとして、一〇月一六日には杉山さんが暴力行為でそれぞれ別件逮捕された。そして警察がさまざまな嘘をつき、二人は自白に

追い込まれた。とりわけ、「否認を続ければ死刑になる」との脅しにより、二人はやってもいない犯罪だが虚偽の自白をした。

しかし、当然のことながら殺害の状況と自白の内容が一致しなかった。自白では被害者は扼殺(手や腕で首を絞めて殺害すること)されたことになっているが、秦医師が鑑定した「死体検案書」では「絞殺」(ひもや帯などで首を絞めて殺害すること)とされていた。扼殺であれば頸部の軟骨の骨折や皮下出血があるが絞殺ではそれがないなど、二つの殺害方法には違いがある。

また、自白では現場を素手で物色したことになっているが、現場からは二人の指紋や足跡も全く検出されなかった。

検察は「死体検案書」など、二人が犯人でないことを証明する証拠を隠していた。「桜井さんや杉山さんとは違う人が立っていた」という目撃情報もあったが、こうした証拠も検察が隠していた。公判では自白を録音したテープが流されたが、捜査機関の都合の良いように編集されていた。

足利事件

一九九〇年五月一二日、栃木県足利市内のパチンコ店で父親に連れられた四歳の少女が行方不

Ⅱ　刑事手続に関する憲法上の権利

明となり、翌日、渡良瀬川河川敷で遺体で発見された。一九九一年一二月一日朝七時ころ、六人の警察官は「警察だ。菅家いるか」と言って菅家利和さんの家の玄関のドアをたたいた。菅家さんがドアを開けた途端、六人のうち三人の警察官がなだれ込み、「おまえ、子どもを殺したな」と言った。菅家さんが「殺してなんていませんよ」と否定すると、座った姿勢でひじ鉄を食らわされ、後ろに倒された。菅家さんはその日、結婚式に出席する予定だったが、「そんなもん、どうでもいい」と怒鳴られて警察署に連れて行かれた。そして警察署で髪の毛をつかまれたり、突かれたりしたのち、菅家さんは虚偽の自白に追い込まれた。少女のシャツに付着していた体液のDNA型と菅家さんのDNA型が一致したとの鑑定結果も出された。

菅家さんは一審の途中で否認に転じたが、宇都宮地裁は無期懲役を言い渡した。東京高裁で控訴が棄却、二〇〇〇年七月に上告が棄却され、刑が確定した。

弁護側はDNA型の再鑑定を求め宇都宮地裁に再審請求を申し立てたが、二〇〇八年二月に却下された。ところが二〇〇八年一二月、東京高裁がDNA再鑑定をすることを決定、二〇〇九年五月に被害者のシャツについていたDNA型と菅家さんのDNA型が一致しないと発表された。

この結果を受けて二〇〇九年六月四日、刑の執行が停止され、菅家さんは一七年半ぶりに釈放された。そして二〇〇九年一〇月、宇都宮地裁で再審公判が始まり、二〇一〇年三月に無罪が言い渡された。

この事件で警察は、菅家さん以外の男性にも「お前がやったんだろう」と怒鳴りつける取調べを行なっていた。

氷見(ひみ)事件

二〇〇二年一月一四日と三月一三日、富山県氷見市で強姦事件と強姦未遂事件が発生した。氷見署は柳原浩さんに事情聴取をした。柳原さんはいったん容疑を否認したが、その後、容疑を認めて強姦未遂と強姦で逮捕、起訴された。その後も柳原さんは一貫して起訴事実を認めていた。二〇〇二年一一月、富山地裁高岡支部は懲役三年を言い渡した。柳原さんは控訴せずに服役した。二〇〇五年七月に刑の執行が終了した。犯行の弁償金を被害者にも払った。

ところが二〇〇六年一月、別の強制わいせつ事件で逮捕された松江市の男性が氷見での二つの事件を自供し、えん罪であることが発覚した。二〇〇七年一月、富山県警と富山地検が誤認逮捕を公表し、柳原さんに謝罪した。二〇〇七年一〇月、再審で無罪判決となった。後で紹介する「志布志(しぶし)事件」とともに、この事件は国連の「拷問禁止委員会」でも取り上げられ、「Toyama」「Kagoshima」の文字が飛び交った。

この事件では、柳原さんは二日間で約一七時間も事情聴取を受けた。脅迫的な取調べもなされ、

II 刑事手続に関する憲法上の権利

事件を否認する柳原さんに長能善揚刑事は「何を言っているんだ、ばかやろ」と怒鳴り、握りこぶしを作り、今にも殴りかからんばかりの威圧感を見せた。取調べでも「はい」とか「うん」以外言うなと言われ、質問にも「はい」「うん」と答え続けた。

そして裁判所にも大きな責任がある。

この事件では無実をうかがわせる証拠がいくつもあった。加害者が現場に残した靴跡は二八～二八・五センチであったが、柳原さんの足のサイズは二四・五センチであった。「工作するために大きな靴をはいた」ことにされ、調書では靴を燃やしたことにされた。「犯人は走って逃げた」と言っているが、四センチも大きな靴で走ったら脱げるだろう。事件があった時には姉と電話をしていたなどのアリバイもあったのに裁判所は十分な審理をしなかったためにえん罪を生みだしてしまった。

志布志事件

二〇〇三年四月の鹿児島県議選に立候補し、当選した中山信一さん（辞職、〇七年四月に再当選）の選挙運動をめぐり、鹿児島県警は買収会合が行なわれたとして集落の住民を次々に逮捕、そして中山さん夫婦も公職選挙法違反の罪で逮捕、起訴され、数カ月から一年以上にわたり勾留

された。

取調べでは六人が自白したが、公判では全員が否認した。二〇〇七年二月、鹿児島地裁は公判中に亡くなった一人を除く一二人の被告人全員に対して無罪判決を下した。裁判所は四回開かれたとされる「買収会合」のうち、少なくとも二回については被告人にアリバイがあると認定した。自白調書については、「あるはずもない事実が、さもあったかのように表現されている」と厳しく批判した。

この事件でも人権無視の違憲・違法捜査が余すところなく行なわれている。警察は「任意捜査」などと言いながら連日にわたり警察に連行し、朝から晩まで過酷な取調べ、実質的には強制逮捕と言える状況の下で事情聴取が行なわれた。「任意同行は自由に帰れるなんて嘘です。帰ろうとすると二人の刑事が立ちはだかって、取調室に連れ戻されました」と志布志事件の被害者である藤山忠三さんは述べている。実際、任意同行という名目でありながら、刑事たちは疑われた人たちの自宅に朝早く押しかけ警察に連れて行き、夜一〇時までという長い取調べを連日行なった。そして、警察の思ったような供述をしないと見ると「おまえは嘘つきだ」「おまえはバカか」「おまえの家族を逮捕する」といった暴言を複数の人に浴びせている。体調不良を訴えて点滴を受けた者に対して、病院から警察署に任意同行して、警察署内で簡易ベッドに寝かせた状態で取調べを行なった。取調べのために精神的に追い詰められ、滝に飛び込んで自殺をはかった人もい

II 刑事手続に関する憲法上の権利

この事件で最も有名な人権侵害行為は「踏み字」であろう。警察官が「お前をこんな人間に育てた覚えはない（父親の名前）」、「娘をこんな男にやったつもりはない（義父の名前）」「早く正直なじいちゃんになって（孫の名前）」などと書いた紙を踏ませる「踏み字」を強要した。踏み字事件の被害者は「大きな相手に両足首をものすごい力で掴まれました。その瞬間に軽量の私は、まっさかさまにされるのでは、と思って必死でパイプ椅子にしがみつきました」と言っている（注5）。

この「踏み字事件」については国家賠償訴訟と刑事裁判が提起された。国家賠償訴訟で鹿児島地方裁判所は「手法が常軌を逸し、公権力をかさにきて原告を侮辱する行為で、精神的苦痛は甚大」として「踏み字」を違法とし、六〇万円の損害賠償を命じる判決を下した。また、踏み字を行なった濱田元警部補は特別公務員暴行陵虐罪で起訴され、二〇〇八年に福岡地裁は懲役一〇カ月、執行猶予三年の有罪判決を言い渡した。

さらには「接見交通権」の侵害でも検察や警察の違法行為が裁判所で認められている。自己にかけられた理由なき嫌疑を晴らすためには弁護人に小おきなく相談し、適切な助言や支援を受けることが必要なため、被疑者や被告人は弁護士との「秘密交通権」が認められている（憲法三四条、三七条）。ところが警察や検察は弁護人との接見内容を被疑者や被告人から聞き出し、調書

化した。こうした捜査機関の行為に対して一一人の弁護士が国（鹿児島地検）や県（鹿児島県警）を相手取って国家賠償請求訴訟を起こした。鹿児島地方裁判所は秘密交通権侵害の事実及びその違法性を認め、一人あたり五〇万円の支払いを国と県に命じている。

大阪地裁所長襲撃事件（通称「オヤジ狩り事件」）

二〇〇四年二月一六日午後八時過ぎ、大阪市住吉区で大阪地裁所長が複数の暴漢に襲われて腰の骨を折る大けがをし、所持金六万三千円を奪われた。大阪府警は地元で不良グループとされた若者を次々と別件逮捕した。そして三人の未成年者を自白に追い込み、その自白に基づき藤本敦史さんと岡本太志さんが逮捕・起訴された。二〇〇六年三月二〇日、大阪地方裁判所は藤本さんと岡本さんに無罪判決を下した。大阪地検は控訴したが大阪高裁は訴えを棄却した。検察は上告を断念し、藤本さんと岡本さんの無罪が確定した。未成年三人についても最終的には家裁での差戻審で「自白の信用性はなく、非行の証明がない」として、刑事裁判の無罪にあたる「不処分」となった。

この事件でも言語に絶する拷問・暴力行為が行なわれた。「お前、特高警察知ってるか？　取調べ中に死んだこともあるんやぞ。密室だから死んでも誰もわからへん」などと怒鳴りつけ、未

Ⅱ 刑事手続に関する憲法上の権利

引野口(ひきのぐち)事件

二〇〇四年三月二四日、福岡県北九州市八幡西区引野口で火災が発生し、焼け跡から片岸みつ子さんの兄、古賀俊一さんの死体が発見された。古賀さんの胸には刺し傷があり、警察は殺人・放火事件として捜査をはじめた。

みつ子さんは俊一さんの身の回りの世話をするために俊一さん方に出入りしていたため、警察はみつ子さんの犯行を疑った。警察はみつ子さんが火災の翌日に俊一さんの預金を引き下ろした行為を窃盗罪として五月二三日に別件逮捕した。しかしみつ子さんが殺人・放火の犯行を否認すると、二年前の親族間のトラブルを理由に「威力業務妨害」として再度別件逮捕した。こうして約二カ月間、片岸みつ子さんは別件(窃盗と威力業務妨害)で逮捕・勾留されたが、この勾留中、別の事件の被疑者Ａ(以下「同房者」という)をスパイとして同房に入れてみつ子さんの言動を

成年者も含め、ジーンズが血に染まるほど往復ビンタをしたり、地面に這いつくばらせてその上に尻をのせるなど、警察官が殴る蹴るの暴行を加えた。取調べを受けた人は首を絞められ、あざができた少年もいる。こうした暴力行為に対して起こされた国家賠償請求訴訟では警察による暴力行為が裁判所でも認定され、約一五〇〇万円の損害賠償が命じられている。

探せ、連日にわたり同房者の事情聴取をした。同房者は「みつ子さんが房内で『兄の首と胸を刺した』と言った」と警察に報告したため、検察は同房者の供述をもとにみつ子さんを一〇月三日に殺人罪で、一〇月二五日には放火罪で逮捕・起訴した。

一方、弁護団は同房にスパイを送り込むような捜査は違法などと主張した。別件についても、アルコール依存症で子どもたちと別居中の兄の名義の預金を引き出したというものであった。

二〇〇八年三月五日、一審で無罪判決が言い渡された。判決では「同房者を通じて……捜査情報を得るためであったことは否定できない」「代用監獄への身体拘束を捜査に利用したとの誹りを免れない」などと、捜査のあり方を批判した。検察が控訴しなかったために確定した。

この事件での取調べは毎日午前九時から午後一〇時、遅い時には午後一一時過ぎまで続いた。取調べは別件で逮捕しながら、もっぱら本件の殺人・放火の取調べをした。否認を続けると子どもたちの職場まで事情聴取に行くと脅しをかけた。片岸みつ子さんの夫が死亡した際にはわざわざ葬儀の当日にポリグラフ検査を実施した。片岸みつ子さんが調書の署名を拒否すると、手錠の一方をみつ子さんの手に、他方を椅子にかけたままの状態で土下座させた。

Ⅱ　刑事手続に関する憲法上の権利

郵便不正事件

障害者団体と称する「凛の会」に郵便割引制度の適用を認める偽の証明書が厚生労働省から発行されていた。凛の会から民主党石井一議員に依頼があり、石井議員が厚生労働省障害福祉部長に郵便割引制度の適用対象とする証明書を発行してほしいと電話で要請し、部長の指示を受けた村木局長が「議員案件」として上村係長に証明書の偽造を指示、上村係長が偽の証明書を作成したというストーリーを描いた大阪地検特捜部は二〇〇九年五月二六日、上村係長を逮捕した。さらに村木局長を逮捕、起訴した（肩書きは当時）。

しかし、公判を進めるうちに、捜査のずさんさが明らかになった。検察は「二〇〇四年二月二五日に倉沢元会長が議員会館で石井議員と会い、厚生労働省への口利きを頼んだ」と主張した。しかし、石井議員はその日にゴルフをやっていたというアリバイがあった。検察は、偽の証明書を村木局長が凛の会の倉沢元会長にデスク越しに渡した旨の証言を倉沢元会長にさせた。しかし弁護士が現場を調べたところ、村木局長のデスクの前には衝立やキャビネットがあり、デスク越しに証明書を直接渡すことが不可能だとわかった。あげくの果てには、前田恒彦主任検事は検察の見立てにあわせるため、証拠のフロッピーディスクのデータを改ざんした。証拠をでっち上げ

たことが検察内部で明らかになったにもかかわらず、検察は懲役一年六カ月を求刑した。こうした無理な主張の当然の結果として、村木さんには無罪判決が下された。

なお、証拠を改ざんした前田検事は「証拠隠滅罪」で逮捕・起訴され、懲役一年六カ月の実刑判決が下された。大坪弘道元部長と佐賀元明元副部長も「犯人隠避罪」で逮捕・起訴され、二〇一二年三月の第一審では有罪判決が下されている。

競艇選手神戸痴漢えん罪事件

二〇一一年五月六日、痴漢のおとり捜査中の二五歳の女性巡査の胸を路上で触ったとして、兵庫県迷惑防止条例違反で二六歳の競艇選手が逮捕された。競艇選手はぶつかったことは認めたが、意図的にさわったことは一貫して否認していた。しかし神戸地検は一四日間勾留した上で起訴した。二〇一一年一一月一五日、神戸地裁で無罪判決が下された。裁判所で女性巡査は「約五メートル前から被告人が右手を肩まで上げ、手のひらを開いて走って向かってきたが身体がすくんで反応できなかった」と証言した。

しかし裁判所は、警察学校で護身術を学んでいる女性巡査が何の対応もできずに右胸を触られたというのはあまりに不自然とした。周辺にいた男性警官は「競輪選手の

II　刑事手続に関する憲法上の権利

手の甲が見え、右手が女性巡査の右胸に接触した」と裁判所で証言した。しかし女性巡査と男性警官の距離は六八メートルもあり、弁護側から「真夜中にそこまで見えるのか」と指摘されると、検察は論告でこの男性警官の証言を一切使わないと発言した。競艇選手の手から女性巡査の衣服の繊維は検出されず、女性巡査からも人のDNAは検出されなかった。

神戸地検は二人の警察官の証言だけで起訴した。無罪判決の中で裁判所は「現行犯逮捕で引き返せない状況になり、一部事実を曲げていると疑うことも可能」と、でっち上げの可能性を指摘した。

無罪判決に対して神戸地検は控訴を断念した。

この競輪選手は判決後の記者会見で「取調べで言い分を聞いてもらえず、結婚式を控えた時期に逮捕され、精神的に苦しかった」と発言した。

【注】

1　一九四八年、静岡県磐田郡幸浦町で一家四人が殺害された。静岡地裁では三人に死刑、一人に一年の懲役判決、東京高等裁判所も控訴を棄却したが、最高裁で事実誤認があるとして高等裁判所に差し戻された。一九五九年、被告人全員に無罪判決が下された。この事件では警察官が拷問の事実を告発した（『読売新聞』一九五〇年一月二三日付）。

2　一九五〇年、静岡県磐田郡二俣町で夫婦と子ども二人が殺害された。警察は一八歳だった須藤満雄さんを逮捕・起訴した。静岡地裁、東京高裁で死刑判決が下されたが最高裁判所が高等

裁判所の判決の破棄差戻しを行ない、無罪が確定した。この事件でも警察官が「拷問捜査」を告発した。紅林は両耳の後ろに焼け火箸を当てたり、柔道で投げ飛ばして半殺しにするなどの拷問をこの事件で行なった。

3 一九五〇年、静岡県庵原郡小島町で三二歳の主婦が斧で惨殺され、一万五千円が奪われた。地裁、高裁で被告人に無期懲役が下されたが、最高裁が調書の任意性に疑いがあるとして高等裁判所に差し戻し、のちに無罪が確定する。警察官による拷問で二、三〇発殴られたり、足の甲が腫れて出血し、化膿した状態を見かねた別の警察官がひそかに赤チンやペニシリン軟膏を渡していた。

4 裁判が確定した後で、明らかに裁判が間違っているという証拠が出てきた場合、例外的に裁判をやり直すこと（刑事訴訟法四三五条）。

5 粟野仁雄『この人痴漢！』と言われたら 冤罪はある日突然あなたを襲う』中公新書ラクレ、二〇〇九年、八一頁

III 捜査機関・裁判所・メディアの何が問題か

1 捜査機関に関して

第二章では、刑事手続に関する憲法原理と、最近の実際の事件を紹介した。

日本の敗戦までは、警察・検察はまず身体を拘束し、拷問、脅迫などの人権侵害行為を取調べの際に行なった。そして自白をさせる。敗戦までのこうした刑事手続のあり方を変えるため、日本国憲法では刑事手続に関する様々な規定が設けられた。

しかし第二章で紹介した最近の事件をみると、敗戦までの刑事手続のあり方が変わっていないことがわかるだろう。

警察や検察は正当な理由がなく、時には「別件逮捕」に代表されるように理由をこじつけて憲法や刑事訴訟法違反の身体拘束を行なう。そして取調べで拷問や脅迫を行ない、自白を得ようとする。警察や検察の見立てと異なる事実が出てくれば本来は現実にあわせて捜査方針を変えるべきなのに、事件や証拠をでっち上げてまで最初に警察や検察が描いたストーリーにあわせよう

III 捜査機関・裁判所・メディアの何が問題か

とする。まさかと思うかもしれないが、実際、つい最近でも大阪地検特捜部が「郵便不正事件」（六五五ページ参照）で事件や証拠のでっち上げを行なったり、小沢一郎衆議院議員の政治資金規正法違反事件（注1）で東京地検特捜部の田代政弘検事が嘘の捜査報告書を作成するなど、でっち上げを行なう検察の体質が大きな問題となっている。

最近の検察官一四〇〇人に対する意識調査によると、二六％の人が「実際の供述と異なる方向の調書作成を指示されたこと」があり、二八％が「取調べの任意性などに問題があると感じたこと」があり、三一％の検事が担当事件が無罪となると「職歴のマイナスだと感じる」と回答している（『日本経済新聞』二〇一一年三月一日付、『朝日新聞』二〇一一年七月一八日付）。検察官は自分の担当事件が無罪にならないために憲法違反、刑事訴訟法違反の取調べをしてまで自白をもぎ取ろうとする。

こうした捜査機関の問題点をこれから挙げていこう。

身体拘束に関して

私の場合

現在の日本国憲法では「基本的人権の尊重」が基本原理とされている。身体拘束は重大な人権

71

制約となる。たとえ犯罪を犯した疑いがかかった人でも、「逮捕」や「勾留」といった身体拘束には慎重でなければならない。では、実際の、広島県警の警察官による私への身体拘束はどうか。

当初、警察官たちは「任意捜査だ」と言っていたが、私の両腕を後ろから二人以上の警察官がしっかりとつかみ、「署まで来い」と言っていた。刑事訴訟法一九七条一項では「検察官、検察事務官又は司法警察職員は、犯罪の捜査をするについて必要があるときは、被疑者の出頭を求め、これを取調べることができる。但し、被疑者は、逮捕又は勾留されている場合を除いては、出頭を拒み、又は出頭後、何時でも退去することができる」とされている。つまり、逮捕や勾留がなされていなければ出頭や取調べを拒否できるのが「任意捜査」である。しかし両腕を抱きかかえて無理矢理署に連れて行こうとするのが「任意捜査」として認められるのだろうか。

そしてしばらく警察ともみ合っているうちに、警察は私の手に手錠をかけ、「現行犯逮捕」と言い出した。刑事訴訟法では「現行犯」とは、「現に罪を行い、又は現に罪を行い終つた者を現行犯人とする」とされている（二一二条一項）。

私の場合、集団の中にいた女子高生とぶつかったことは確かだが、時間的にも三〇分以上たち、場所も二〇〇メートル以上離れた場所が「痴漢」の現行犯だろうか？　私は気づかなかったが、高校生の集団の一部が私のあとをつけていたので、「準現行犯」なのだという解釈が現場ではなされているという。これを「準現行犯」として認め、警察が逮捕できるというならば、どんな人

72

III 捜査機関・裁判所・メディアの何が問題か

でも逮捕できるだろう。こんな拡大解釈は身体拘束に慎重であるべきという憲法の理念に反する。しかし警察官などはこうした憲法違反・刑事訴訟法違反の行為を堂々と行なっている。あとで述べる取調べの実態と相まって、これでは「えん罪」は多いだろうということを家族や関係者と一緒に実体験することになった。

他の事件での「任意捜査」

なお、憲法や刑事訴訟法に反する実質的な身体拘束を、警察はさまざまな事件で行なっている。先に紹介した「足利事件」「志布志事件」「氷見事件」でも、実質的な逮捕といえる身体拘束が「任意捜査」の名目で行なわれている。一九九四年六月二七日に起こった「松本サリン事件」(「資料編」一七一ページ参照)。あとでオウム真理教の犯行とされて河野義行さんへの疑いは晴れたが、警察は最初、河野さんの犯行を疑った。河野さんも入院を余儀なくされ、ようやく七月三〇日に退院したが、その日のうちに警察に出頭するよう要請された。これは「任意捜査」であり、本来はいつでも帰ることができる。

実際、熱は依然として高く、病院を出るときも三七度五分あり、頭痛・腹痛が残っているといったように体調に問題がある河野さんは、医師から二時間が限度と言われたので家に帰して欲しいと警察に言った。しかし警察は「二時間以上の事情聴取でも大丈夫だと医者が言っている」

と、医者が言ってもいない嘘をついて河野さんへの事情聴取を行ない続けた。結局、警察は七月三〇日に六時間、三一日も六時間半以上の取調べを河野さんに行なった。

別件逮捕

えん罪を生み出す身体拘束と切っても切り離せない関係にあるのが「別件逮捕」である。
取調べようとする事件について逮捕できる証拠がない場合、別の軽微な事件（別件）を理由に逮捕、勾留することを「別件逮捕・勾留」という。警察や検察が正当な理由がなく身体拘束をすることを防ぐため、裁判官に身体拘束が正当かどうかをチェックさせる「令状主義」が憲法で採用されている。本来は逮捕できない事件を取調べるために行なう「別件逮捕・勾留」は、実際には裁判官の審査を受けない逮捕・勾留となるから「令状主義」に反する。そして「えん罪」事件の多くで別件逮捕がなされている。

「四大死刑再審無罪事件」ではすべて別件逮捕がなされている。一九四九年八月の「弘前大学教授夫人殺人事件」（「資料編」一七四ページ参照）では、おもちゃのようなピストルが逮捕の理由にされた。先に紹介した「布川（ふかわ）事件」「大阪地裁所長襲撃事件（オヤジ狩り事件）」「引野口（ひきのぐち）事件」（五五・六二・六三ページ参照）でも別件逮捕がなされている。二〇〇二年の殺人放火事件（ただし本当に殺人放火かどうかは不明）で第一審から最高裁判決（二〇一二年二月）で無罪判決が連

III 捜査機関・裁判所・メディアの何が問題か

続して下された「広島放火殺人事件」では、被告人を別件逮捕する容疑を作り出すため、警察や検察は離婚した妻まで逮捕・起訴した。

取調べ

私が接見の際に谷脇弁護士から渡された、広島弁護士会刑事弁護センターが発行した『被疑者ノート バージョン3』（注2）の記述を紹介しよう。やや長いが、一部を引用する（原文は漢字にふりがなが付けられている）。

被疑者ノートは、あなたが、不当な取調べにより、やってもいない事件で処罰されたり、あなたの言い分が聞き入れてもらえなかったり、友人などについての供述を強制されたり、取調べの中で不当な扱いを受けたりすることを、防止するために重要なものです。

被疑者ノートをきちんとつけていたことで、自分の言い分が通り、不当な処罰や、納得のいかない扱いをのがれることができた人がたくさんいます。

あなたも、このノートをきちんとつけて、自分が関与していない事件についての言いがかりを晴らしたり、言いたくないことをむりやり言わされるのを防いだり、不当な扱いを受け

たりするのを防止したりしましょう。

暴行や脅迫、威圧を受けたときは、その内容、取調官の名前を書いてください。「痛い目にあいたいか。」「本当のことを言わないと長くなるぞ。」「こういうふうに言えばええようにしてやる。」「おまえは嘘ばっかりつくから逮捕したんだ。」「こういうふうに言えば、不起訴（保釈）にしてやるよう検事に言ってやるから。」「このままだと、あいつも逮捕するぞ。」「警察をなめとんのか。」「弁護士の言うことをきいていたらいつまでも出られんぞ。」等、威圧された言葉をつけてください。

こんな内容が『被疑者ノート』に書かれている理由はなにか。実際にこうした人権を侵害する憲法違反、刑事訴訟法違反の行為が依然として行なわれているからである。たとえば「拷問のない事件なんてほとんどありません。私も経験がありますが、あの頃よくやったのは、うつ伏せにさせて上に乗ってゴリゴリやるんです。苦しくて脱臼することもありますが、いくらでも言うんです」と、元警察官の南部清松氏は警察の取調べの現状を世間に告発した（注3）。憲法三六条で絶対的に禁止された拷問を伴う取調べも、第二章で紹介した事件以外でもいくらでも存在する。「松本サリン事件」（「資料編」一七一ページ参照）でも、警察は河野さんに脅迫的取調べを行

Ⅲ　捜査機関・裁判所・メディアの何が問題か

なった。サリンの被害を受けて体調が悪い河野さんに刑事が「お前が犯人だ！」「正直に言ったらどうだ！」「お前は亡くなった人たちに申し訳ないと思わないのか！」「警察はお前の四四年間の生活はすべてわかっているんだ！」と執拗に怒鳴りあげた。

「北陵クリニック筋弛緩剤事件」（「資料編」一六七ページ参照）でも、「患者さんの写真を目の前に持って来られたり、机をたたいて怒られたり、机を蹴とばしたり、それはもうヤクザのビデオを見ている状態でした。死刑だ」などと言葉の暴力だけではなく、机越しに右ひざを蹴飛ばした。お前しかいない。早く死ね。人間以下。人間のクズ。人殺し。殺人者〟この世に必要のない人間。無罪はない。死刑だ」などと言葉の暴力だけではなく、机越しに右ひざを蹴飛ばした。二〇一二年三月に再審が開始された「東住吉放火事件」（「資料編」一六八ページ参照）、青木さん（女性）に対しては唾を吐きかけたり、耳元で大声で怒鳴るなどの暴力をふるったり、足を蹴ったり、事が朴さんの首を絞めて壁に押しつけたり、耳元で大声で怒鳴るなどの取調べを行なっている。

検察も同様である。元検事の三井環氏は「取調べは戦争だから机をたたいたり、大声を出したり何でもやります」「被疑者をたたくときは、新聞紙を丸めてやれと。そうすればケガもしないし、たたいたあとも残らないからとよく言われていました」という（注1）。

「佐賀市農協背任事件」（注5）で「ふざけんなこの野郎、ぶっ殺すぞ」と脅迫した市川寛検事（当時）はテレビでそのことが報道された際、「市川さん、災難でしたね。あの程度のことなんか

77

誰だってやっているのに」と後輩検事から言われたというし、特捜部にいた検事から「昔の東京地検の特捜部がある階に行くと、もう、そこら中の部屋から『ひぃーっ』『人殺しーっ』『殺されるーっ』って悲鳴が聞こえてきたもんだよ」という話を聞いたという（注6）。

自白

「四大死刑再審無罪事件」「徳島ラジオ商殺し事件」「足利事件」「布川事件」など、死刑を含む重大事件で再審開始決定、再審無罪が相次いだが、えん罪の最大の原因は捜査段階でもぎ取られた「嘘の自白」であった。やっていない犯罪をやったと、自分なら絶対に自白しないと思う人も多いだろう。しかし、あなたも以下のような状況に置かれたら、自白しないと断言できるだろうか？

人権侵害違憲・違法捜査に基づく自白

たとえば「島田事件」（「資料編」一七四ページ参照）では、赤堀さんは手を曲げられたり殴られたり、最終的には手を警察官がつかんで自白調書に署名させた。手をつかんで記載させるのは「袴田事件」（「資料編」一七〇ページ参照）「氷見事件」（五八ページ参照）や「宇都宮市知的障がい

Ⅲ　捜査機関・裁判所・メディアの何が問題か

者えん罪事件」（「資料編」一七一ページ参照）でも行なわれている。たとえば「氷見事件」では取調べの際、被害者宅の見取り図などについて「肩の力を抜け」と言って警察官が柳原さんの手をつかんで描いたり、あらかじめ鉛筆でなぞってある見取り図をボールペンで柳原さんになぞらせて書かせた。

捜査官による「嘘」や「脅し」による自白

「布川事件」（五五ページ参照）で杉山さんや桜井さんは、「否認を続けると死刑になる」と警察に脅かされたため、死刑にならないようにとの思いで嘘の自白をした。「東住吉放火事件」（「資料編」一六八ページ参照）でも、「否認を続けると死刑になる」と被疑者は脅されている。否認を続ければ身体拘束が長くなり、逮捕されたことが実名で報道されるが、認めればメディアで報道されないなどと警察が嘘をついて、虚偽の犯行を認めさせてしまうこともある（その場合でも、メディアで実名報道されることがある）。

こうした警察の嘘や脅しにより自白に追い込まれる事例も多い。とりわけ問題なのは、警察や検察の取調べで否認を続ければ続けるほど身体拘束の期間が長くなるという「人質司法」である。映画「それでもボクはやっていない」などで問題になっている「痴漢えん罪」事件でも、痴漢したことを認めればすぐに釈放され、他人に知られずに罰金で済むが、否認を続けると身体拘束が

長くなり、裁判も長引き、周囲の人にも知られると警察や検察から言われ、やってもいない痴漢の自白をしてしまう事例が多い。

家族などへの脅迫に基づく自白

ナチスドイツのゲシュタポ（秘密警察）は「拷問にかけるのは、本人ではない。子どもか孫、とりわけ幼児を本人の目の前で拷問にかけなければ、一〇〇％自白させられる」と豪語していたという。日本の警察や検察も、家族を標的にする卑怯・卑劣な方法を多用して自白をもぎ取ろうとする。

「狭山事件」（「資料編」一七〇ページ参照）の石川さんは、警察から兄が事件の犯人だと思いこまされると同時に、「殺したと話せば一〇年で刑務所から出してやる。男の約束だ」と警察から言われた。両親と兄弟姉妹あわせて七人の生活を支えていた兄が逮捕されれば家が困窮すると思い、兄の身代わりのつもりで自白した。

「志布志事件」（五九ページ参照）では、小能俊一警部補は藤山忠さんに対して「選挙違反なんて交通事故みたいなもので罰金で済む。認めたら逮捕はない。その代わり認めなければ親も子も逮捕する」と脅した。浜田警部補は藤本市子さんに対して「お前のせいでみんな警察に引っ張られて仕事もできなくなっている。点滴を受けている人もいる。早く認めろ」、「認めないなら息子

III　捜査機関・裁判所・メディアの何が問題か

「北陵クリニック筋弛緩剤事件」（〔資料編〕一六七ページ参照）でも、刑事は「お前でないなら〔婚約者の〕彼女を逮捕する」（〔　〕は飯島による補足）などと脅した。

二〇一一年四月二四日投開票の埼玉県深谷市議選で当選した市議と妻が公職選挙法違反で逮捕された「深谷市議事件」（注7）でも、警察は関係者から思い通りの供述が得られないと「奥さんを引っ張るよ」「関係のない家族も呼ばざるを得ない」「元の勤め先に連絡する」「お子さんはこんな会社に勤めていますよね」などと脅して自白を強要した。

私も「自白」を考えた

私のことを知っている人なら、今回の痴漢えん罪事件で私は最後まで戦うと思っていたようだ。私の母も妻も最後まで私が戦うと思っていた。だから私が「自白を考えた」と言ったときには妻や母もかなり驚いていた。

しかし実際には、谷脇弁護士や足立弁護士と接見するまで、「自白」が常に頭によぎっていた。というのも、やはり家族を気遣ってのことだった。

私は違法に逮捕されたし、痴漢などという卑劣な犯罪は決して犯してはいない。しかし、婚約者に何かあったらどうしようと考えていた。五月三日、婚約者やその両親と私は車で香川県から

広島に来た。婚約者の目の前で私は手錠をかけられた。精神的に不安定な状況で婚約者が車を運転し、事故でも起こしたら……と考えると、いてもたってもいられなくなった。警察官に「車で移動しないように婚約者に伝えてほしい」と依頼したが、広島県警は断った。

私も法律を専門にしており、自白などをすればたとえ虚偽であってものちの裁判で極めて不利になることは承知しているし、職を失うかもしれない。しかしここで否認を続けてたたかえば婚約者が事故を起こすかもしれない。後に無罪となっても、婚約者に何かあったら後悔するだろう。

また、五月四日、私の母が東京から広島まで来ていることを知った。私が否認をして二〇日ちかく勾留されれば、母や婚約者も二〇日くらい広島にいることになるかもしれない。そんなことをすれば母や婚約者は体調を崩すだろう。そこで、痴漢などをしてはいないが、「自白」をして早く釈放されたほうがいいとの気持ちにもなりかけた。「否認」を続けるか嘘でも自白して早く解放されることを選ぶか、かなり気持ちが揺れ動いていた。

警察・検察は事件、証拠をでっち上げる

警察や検察が事件や証拠をでっち上げるなど、あるはずもないと思われるかもしれない。し

III　捜査機関・裁判所・メディアの何が問題か

かし、あってはならないこと、警察や検察が証拠や事件をでっち上げることは「郵便不正事件」（六五ページ参照）で明らかになった。そのほかにも証拠や事件のでっち上げの実例を紹介する。

事件のでっち上げ

ここで私の知人の話を紹介する。彼は電車で痴漢に間違われて警察に連れて行かれた。両手に荷物を持っていたために彼が触ることが不可能だったことは警察も認めたが、「わざとではないがぶつかってしまった」という内容の調書に署名するように求められた。ぶつかってもいないと認識していた彼は最初、調書への署名を拒んだ。すると「調書にサインしないなら逮捕する」と警察に言われた。そこでやむを得ず調書に署名したら釈放されたという。

また、二〇〇七年一〇月、広島で米兵四人が女性を集団強姦した事件では、泣きまくる女性の訴えに警察は耳をかさず、検察もすぐに不起訴処分にした（結局、米軍の軍法会議で彼らには罰が下された）。一方、私の場合は、広島県警は「やった」との立場に終始した。そして時には事件をでっち上げる。このように、警察官の判断次第で事件になるかどうか決まる。

痴漢えん罪で最終的には無罪判決を勝ち取った鈴木健夫さんも『僕は痴漢じゃない！　冤罪事件六四三日の記録』（新潮文庫、二〇〇四年、一七〇頁）で「警察は自分たちの評価ポイントを稼ぐ絶好のえさとして、積極的に犯人を仕立てようとする」「警察には犯罪の抑止力は無いばかり

か、評価ポイントのためにはでっち上げさえ平気で行う『犯罪生産機関』である」と述べている。私も同感だし、えん罪被害者の多くはこうした警察や検察の体質を実感するだろう。

一九七五年の「堀川事件」（「資料編」一七二ページ参照）では、タクシー運転手の態度が生意気と警察官が思っただけで「道路交通法違反」「公務執行妨害」「傷害罪」で逮捕、起訴されている。のちに証人や事件のでっち上げが明らかになり、国家賠償訴訟でも警察官などの不法行為が認定されている。

「警察官ネコババ事件」（「資料編」一七二ページ参照）で危うく逮捕されかけた妊婦は国家賠償請求訴訟を起こしたが、一九八八年七月一五日、大阪府警は数十秒ででっち上げを認め、二〇〇万円の賠償を承諾した。

「志布志事件」（五九ページ参照）も、でっち上げと感じていた警察官も少なくなかったが、捜査方針に反対した警察官は捜査から外された。実際、警察が住民を取調べた時のメモ（取調小票）が裁判所に出されれば、供述調書が無理やり作られたものであることがばれると判断し、警察と検察はメモを裁判に出さないと決めて口裏合わせまでしていた。

二〇一一年五月の「競艇選手神戸痴漢えん罪事件」（六六ページ参照）でも、裁判所は「現行犯逮捕で引き返せない状況になり、一部事実を曲げていると疑うことも可能」と警察を批判し、検察も控訴しなかった。この事件を担当した弁護士は「通常の痴漢事件は、民間人が民間人に触ら

III 捜査機関・裁判所・メディアの何が問題か

れて警察に届けるものですが、今回は現役警官二人が民間人を犯人に仕立てたわけです。民間人の届出のケースで事実誤認するよりも悪質です。いわば警察が犯人を勝手に作った」と警察や検察を批判した。

意図的なえん罪でわかりやすいのは「公務執行妨害」だ。狙った相手に軽く触れてわざところび、「公務執行妨害」だと難癖をつけて逮捕する。こうして警察は身体の拘束を目的に犯罪をでっち上げる。公務執行妨害を理由とするフレーム・アップ（でっち上げ）はたくさんある。

二〇〇八年八月二七日、幼児にチャイルドシートをつけずに運転したとして職務質問を受けた七二歳の男性が巡査長に暴行したとして「公務執行妨害罪」に問われた事件で、名古屋高裁は無罪を言い渡した。その判決で「胸を突かれたという巡査長の証言については「巡査長は職務質問の後に被告を転倒させて顔にけがを負わせていたことから、対応の是非を問われかねず、先に暴行を受けたと虚偽の証言をしている可能性もある」と、警察によるでっち上げの可能性を指摘した。

証拠・証言のでっち上げ

樫田忠美元中央大学教授は検事時代の体験として、ある尊属殺人・放火事件で事件を覆されないように被告人の着衣の裾のあたりに死体の血を塗ったと捜査主任から「忠義立てに」報告され

たという（注8）。

「布川事件」（五五ページ参照）では、現場にあった指紋と桜井さんや杉山さんの指紋が異なっていたが、鑑識の担当者は指紋を合わせろと言われた。「弘前大学教授夫人殺人事件」や「松山事件」（「資料編」一七四ページ参照）でも、捜査機関による血痕付着の可能性という、証拠のでっち上げの可能性が裁判所から指摘された。二〇〇三年三月の強盗強姦事件の証拠品として大阪府警福島署に保管されていた煙草の吸殻がなくなったことが二〇一一年に発覚した際、刑事課長は事件とは無関係の吸殻を用意し、証拠をねつ造した。「看護師爪ケアえん罪事件」（「資料編」一七一ページ参照）では、取調べの際に看護師は「つめを切った後の患者のうれしそうな顔を見るのが楽しかった」と供述しているのに、「患者の爪をはがすのが楽しかった」と供述した調書を作成している。

「証拠のでっち上げ」は警察の専売特許ではない。検察も得意である。「検察にとって都合のよい供述調書を『作文』するくらいであれば、検察の常套手段」だと三井環元検事は言う（注9）。

「郵便不正事件」（六五ページ参照）では「大阪地検特捜部のエース」と言われ、エリート検事とされた前田恒彦主任検事はフロッピーディスク（FD）のデータを改ざんして証拠をでっち上げた。「エース」と言われる存在が証拠をでっち上げ、無実の人に犯罪者の汚名を着せる組織が検察だ。FDが改ざんされたことは少なくとも九人の検事が知っていたのに、検察は村木元局長

III　捜査機関・裁判所・メディアの何が問題か

に懲役一年六カ月を求刑した。前田元検事は証拠隠滅罪で懲役一年六カ月の実刑判決を受けており、大坪弘道元部長と佐賀元明元副部長も逮捕・起訴され、第一審では有罪判決が下されている。

捜査機関の体質

別件逮捕などに代表される身体拘束、拷問や脅迫的取調べ、そして虚偽の自白をさせるといった、捜査機関による憲法違反、刑事訴訟法違反の捜査が行なわれる原因は、捜査機関の体質にある。

朝日新聞鹿児島総局編『冤罪』を追え　志布志事件との一〇〇〇日』（朝日新聞出版、二〇〇八年、一二三頁）で紹介されている、警察OBの発言を引用する。

取調官は署長が「クロ」といえばいくらシロでもクロの供述を引き出さないといけない。それ以外の結果は許されないんだ。三〜四日も調べれば、自供なしの手ぶらでは帰せない。結果を出せば評価されるし、ダメなら烙印を押される。自供させられないと「お前はなんてダメなやつだ」と怒鳴られて飛ばされる。勤務評定に響く。これが、警察の体質、叩き割りの構造だ。（飯島注―警察では「自白を強要する取調べ」のことを「叩き割り」と呼んでいる〈同

事実とは異なっていても上司の見立てにあう自白をとることで勤務評定が決まるという、こうした体質は検察も変わらない。郷原信郎『検察の正義』（ちくま新書、二〇〇九年）や市川寛『検事失格』（毎日新聞社、二〇一二年）などの元検事の本を読むと、上司の見立てに合わせるため、また、無罪判決が下されないために脅迫的な人権侵害違憲・違法捜査、時には事実をねじ曲げてでも有罪を得ようとする検察の実態が紹介されている。

彼ら上司の見立てにあった自白をとるため、「自分がやっていることは人間のやることではないと思った」（郷原氏）、「ひたすら署名をもぎ取るためだけに、被疑者を怒鳴りつけ、なだめすかし、泣き落し、あるいは詐欺師まがいの嘘もついていた」（市川氏）のだ。そうした検察の体質が白日の下にさらされたのが「郵便不正事件」（六五ページ参照）だった。

「佐賀市農協背任事件」（一一三ページ「注5」参照）の主任検事であり、えん罪を作ったことを自ら著書で認めている市川寛氏の言葉を借りれば、「被疑者が一言も口にしていない言葉を、勝手に調書にとって署名させる。不起訴にすべきではないかと思いながら起訴する。無罪なのではと勘づいていながら、それでも延々と悪あがき公判を続ける」（注10）のが検察という組織なのだ。

（右書、一二三頁）

III 捜査機関・裁判所・メディアの何が問題か

2 裁判所に関して

弘前大学教授夫人殺人事件（「資料編」一七四ページ参照）で再審無罪となった那須隆さんが国家賠償請求裁判を起こした時、「真に許せないのは、私の言い分を聞かず、権威の血痕鑑定だけで有罪にした裁判所だ。家族全員に謝ってもらう」と述べた（注11）。布川事件（五五ページ参照）のえん罪被害者である杉山卓男さんは、「警察や検察官より、裁判官に言いたいことはたくさんある。謝罪もしてほしい」と話している（注12）。えん罪被害者に批判される裁判所はどのような状態なのか。

令状主義の形骸化、濫用

敗戦までのあまりにひどい人権侵害への反省として、日本国憲法では捜査機関が刑事手続の際

に人権を侵害しないように詳細な規定を設けている。そして、こうした規定に捜査機関が違反しないように監視する役割が裁判所に委ねられているのである。

では、実際に裁判所は捜査機関を監視してきたのか。結論からいえば、裁判所は期待された役割を必ずしも果たしていない。「新幹線の切符よりも簡単に取れる」と捜査機関が豪語するように、裁判所は簡単に逮捕状を発し、検察による「勾留請求」を認める。

元裁判官の秋山賢三弁護士によれば、裁判官が酒を飲んでいるときに簡単に逮捕令状にハンコを押したり、裁判官室で囲碁をしているときに記録を見ないで逮捕令状に判を押した裁判官がいたという（注13）。

こうした逮捕を認めた裁判官は捜査機関の監視という役割を放棄している。

私の場合、裁判官が適切に判断して、検察の勾留請求を却下したためにえん罪被害から免れることができた。しかし痴漢えん罪事件では嘘の自白がなされることが多い。長く身体が拘束されれば、警察や検察に嘘に逮捕・勾留されたことが職場や学校にばれると考えて虚偽の自白をするが、やってもいない人が嘘の自白をするのは、裁判所が簡単に、逮捕令状を出したり、勾留請求を認めるからである。「人質司法」の主犯は裁判官である。私も先に自白を考えたことを紹介したが、それは勾留が長引けば婚約者や母に大きな負担がかかることを避けたかったからである。

III 捜査機関・裁判所・メディアの何が問題か

「無罪推定の原則」の放棄

　元裁判官の井上薫氏は「無罪推定の原則」と裁判所の関係について以下のように述べている。

　「被告人は有罪の判決が確定するまで無罪と推定される」という原則があります。これは、刑事裁判のイロハといってよいくらいの基本的原則です。ところが、この原則がいつの間にか逆転し、実質的には「被告人の有罪推定の原則」が常識化しているといってよいほどの状況なのです。(井上薫『狂った裁判官』幻冬舎新書、二〇〇七年、一七頁)

　日本の刑事裁判の九九・九％は有罪判決であるが、「無罪判決を出した一審の裁判官は、人事評価上、不利益にカウントされることを覚悟」しなければならず、「人事上の不利益を覚悟してまで自分の心証を優先して無罪判決を出す気概の持ち主はそうそういません」と井上氏は述べている(同右書、二九頁)。

　刑事裁判の大基本原則ともいえる「無罪推定の原則」が裁判所では必ずしも原則とはされていない。そして非常識な事実認定がなされている。免田、島田事件(「資料編」一七四ページ参照)

を例にとれば、八〇人近くの裁判官が死刑判決に判を押している。極端な例では、「驚くべきことに、第一回法廷以前に、その犯罪事実が丸ごと認められた場合の有罪の判決書を予め起案しておく裁判官がいた」という（井上薫前掲書、一七頁）。

「無罪推定の原則」との関係で日本の刑事司法の異常さを示すのは、一九九八年七月に起きた「和歌山毒カレー事件」（「資料編」一六八ページ参照）である。二〇〇九年五月、最高裁で死刑が確定したが、林眞須美さんが犯人であることを証明する証拠はない。「疑わしい」というだけで死刑が下される日本の刑事裁判の異常性は、大きく問題にされる必要がある。

非常識な事実認定

一般人の感覚なら極めておかしい事実でも、裁判所は事実として認定してしまう。「徳島ラジオ商殺し事件」（「資料編」一七三ページ参照）では、冨士茂子さんと殺害された夫との「早朝の格闘」が認定されて有罪とされた。しかし、夫は胸部など一一カ所の創傷を負っているのに茂子さんは傷を負っていなかった。殺害された夫は海軍軍人の経歴があって体格もよいのに茂子さんは身長一五〇センチもない。二人が格闘して、茂子さんが傷を負わないことが常識として想定できるだろうか？　ちなみにこの事件で第一審、第二審、そして第一次から四次までの再審裁判に

92

III　捜査機関・裁判所・メディアの何が問題か

　一九八一年の「福井女子中学生殺人事件」（「資料編」一六九ページ参照）も裁判官の常識を疑わせる。そもそも事件があった当日の夜、前川さんは母親と姉夫婦と共に食事をしていたというアリバイがある。この事件で唯一の証拠とされたのは、勾留されている暴力団員の供述だけだった。しかも供述の変遷がひどい。
　この暴力団員は前川さんを自宅に送って行く途中で血の付いた衣服や靴を小さな川に捨てたと供述した。しかし警察が大規模な捜索を行なったがなにも出なかった。すると今度は「何回も移し替えたので、隠した場所を忘れた」と言い出した。
　前川さんが逮捕された際、警察は白いセダンを犯行車両として公開し、車内から被害者の血痕が検出されたと発表した。白いセダンと被害者の血痕が検出されたことは大々的に報じられたが、第一審段階で、車から検出された血痕は別人の血痕であることが判明した。こんないい加減な証拠や供述証拠しかなかったので、第一審裁判所は当然だが無罪判決を出した。しかし高等裁判所は有罪判決を下し、最高裁も認めた。
　「御殿場事件」での裁判所の事実認定もひどすぎる。
　二〇〇一年九月一七日、未成年のA子は母親と一緒に御殿場署に行き、「昨日九月一六日の夜、

関わった裁判官は四二人。

93

少年たちに暴行された」と被害届を出した。その証言に基づき、一〇人の少年たちが強姦未遂容疑で逮捕、起訴された。少年たちは無実を訴えていたが、二〇〇六年四月一四日、最高裁判所で有罪判決が確定した。

事件当初、少女は九月一六日に暴行されたと証言していた。しかし暴行されたと証言した時間帯、A子の携帯電話には出会い系サイトで知り合った男性との通話記録が残っていた。しかもその直後に男性と会い、車の中で性交渉したことが明らかになった。そうした事実が発覚すると、A子は裁判所で泣きながら嘘を認めた。しかしA子は「暴行されたのは九月一六日ではなく、一週間前の九月九日」と証言を変えた。この証言を裁判所は認め、一〇人の少年たちに有罪判決が下された。同じ事件でありながら、先に判決が下された五人は九月九日の犯行で有罪とされ、あとで判決を下された五人は九月一六日の犯行で有罪とされた。少年たちにはアリバイがあった。また、A子が証言を変えた犯行日は雨が降っていたが、A子は「濡れた覚えはない」と裁判で主張した。検察は「犯行場所の中央公園だけは雨が降っていなかった」と主張し、裁判所もその主張を認めた。

「誤判の陰に誤鑑定あり」

III 捜査機関・裁判所・メディアの何が問題か

「誤判の陰に誤鑑定あり」と小田中聰樹専修大学名誉教授は指摘する(注14)。

足利事件(五六ページ参照)でも、科警研(警視庁科学警察研究所)は「MCT一一八型」と呼ばれるDNA型鑑定によって犯人と菅家さんが18－30型(当初は18－26型と言っていた)で一致したとされた。しかし二〇〇八年一二月二四日に東京高等裁判所が出したDNA再鑑定命令の結果が二〇〇九年五月に発表されたが、検察官推薦の鈴木廣一大阪大学教授と弁護人推薦の本田克也筑波大学教授の鑑定結果のいずれもが「不一致」だった。そして本田教授はMCT一一八型も鑑定を行なったが、真犯人のDNA型は18－24、菅家さんのDNA型は18－29だった。つまり、科警研の鑑定は間違っていたのだ。

第一・二審で菅家さんの精神鑑定を行なった犯罪心理学者の福島章上智大学教授は、結婚に失敗したから成人女性に近づけず、その代償として幼い子に性的関心を抱く「代償性小児性愛者」、「菅家さんが幼女に興味を抱く人物であることは幼稚園バスの運転手を続けていることからもわかる」などと証言した。

3 メディアに関して

えん罪の共犯者、メディア

「メディアの役割は権力の監視である」と言われる。確かに「警察官ネコババ事件」(「資料編」一七二ページ参照)、「志布志事件」(五九ページ参照)、「郵便不正事件」(六五ページ参照)のように、メディアが警察や検察の不正を暴き、えん罪を世に明らかにした場合もある。

しかし、メディアがえん罪に加担し、被害を増大させた場合も極めて多い。多くの県警捜査員がでっち上げだと感じていた「志布志事件」の無罪判決後、主犯とされた中山信一さんは一〇〇人を超す報道陣を前にして「皆さん、最初はどう書かれたんですか？ 警察と一緒で犯罪があったかのように書かれたじゃないですか？ 判決までは中立の立場でやってください」と述べたという(注15)。

Ⅲ 捜査機関・裁判所・メディアの何が問題か

足利事件の菅家さんも「逮捕された当時は、ひどいことを書くもんだなと思っていました。警察だけの情報を頼りにして、完全に犯人のように報じられました。プライベートな持ち物や性体験を開けっぴろげさせて、ロリコン趣味だとか、小児性愛だとか、事実と違うことが書かれていました」と述べている（注16）。

このように、メディアは警察に逮捕された者を犯人と思わせる報道をする。私自身のざんげ録になるが、「松本サリン事件」の報道に接したとき、私は河野義行さんを犯人だと思い込んだ。ところが犯人でないことが明らかになった。この事件以降、メディアの情報を鵜呑みにしないように自分を戒めてきたつもりだったし、メディアの情報が必ずしも正しくないことを授業でも伝えてきた。

ところが事件も証拠も大阪地検特捜部がでっち上げた「郵便不正事件」での村木厚子さんに関する報道を見て、私は村木さんを犯人だと思い込んだ。村木さんが否認を続けていることがメディアで紹介されても、「ふてぶてしい人間」と思い込んだ。私はまたしてもメディアによる犯人視報道にのせられてしまった。

私自身も犯人のような報道をされる経験を通じて、メディアは調べもしないで事実と異なる報道を行なうこと、事実を脚色して犯人のように印象づける犯罪報道の現状を知った。逮捕は捜査機関が疑っているというのように印象づける点では、メディアこそ主犯になっている。社会に犯人

うだけなのに、メディアは犯罪者のように印象づける「犯人視報道」を行なってきた。ここでは「犯人視報道」の例として私の報道事例を紹介する。

犯人視報道

どんな報道をされたか——私の場合

多くのえん罪被害者が言うように、メディアは被疑者側には取材しないで警察や検察の一方的な情報だけに基づいて記事にする。警察の主張だけに基づいて記事を書けば、警察に不利なことは言わない。また、警察も検察も犯人であるかのような発表をする。私のえん罪事件についての報道だが、私でさえも「本当はやったのではないか」「やったのではないか」と錯覚させるほどの内容になっている。私の婚約者も記事をみたとき、「本当はやったのではないか」と多少疑ったという。

まずは「現行犯逮捕」。女子高生とぶつかった場所と私が逮捕された場所は二〇〇メートルくらい離れており、時間も三〇分以上は経っていた。これを「現行犯」だとメディアは思っているのだろうか？

「二カ所で女性の太ももとお尻をつかむように触った」（警察や検察の主張）とのことだが、先に述べたように女子高生にわざとお尻と触ったわけでは決してない。ましてぶつかった記憶があるのは

Ⅲ　捜査機関・裁判所・メディアの何が問題か

一人だけである。ところが二カ所で別々の女性を触ったということになれば、「やったのか」という印象を与えるだろう。

『毎日新聞』寺岡俊彦記者は事実を調べもせずに、「一人で広島に来た」との記事を掲載した。しかし実際は、婚約者とその両親と一緒に来ている。「警察が一人で来たと言った」と毎日新聞は回答している。私はその程度の嘘なら広島県警は平然とつくだろうと思っているが、たとえ警察がそうした嘘をついても、私の弁護士に確認すればすぐにわかる事実なのに、寺岡記者はそうした取材すらしていない。

報道では「通行人が通報した」といったように、あたかも第三者が事件を通報したかのように書かれているが、実際には高校生グループの仲間が警察に通報した。

「酒に酔っていた」とも報道されたが、アルコール度数は〇・〇一五で、飲酒運転の〇・一五以下であり、警察では飲酒運転にもならないと言われた。NHK広島は「警察によりますと飯島准教授は旅行で広島を訪れていて、逮捕された際、酒に酔っていた」と報じたように、酒に酔っての犯行のような印象を与えかねない報道がなされた。

私の事件では共同通信が実名で報道したことがきっかけとなって多くのメディアが私の逮捕を実名で報道した。私の地元の『中日新聞』は大学名と「名古屋市〇〇区□△」（□は町名、△は丁目）と、私の住所まで記載した。

逮捕から二日後に私は釈放されたが、釈放の報道についてはNHK、読売新聞では実名で報道されたものの、中日新聞などでは匿名での報道になっていた。逮捕の時には実名で報道され、「飯島滋明容疑者」とされていたが、釈放の際には「逮捕されていた私大准教授」と匿名で報道され、「容疑者」との表記もされなかった。

不起訴処分になった際、中京テレビの最初のテロップは「名古屋の男性准教授、不起訴」であったが、その後、「わいせつ容疑の大学准教授、不起訴処分」と訂正されていた。こうしたテロップも、私がわいせつな犯罪を犯したような印象を与えるものだろう。

実名報道

犯罪報道で問題があるのは実名報道である。逮捕されたという事実を報道するだけでは犯人扱いしたことにはならないとの主張がなされることがある。しかし、たとえば二〇〇七年一月、「あるある大辞典2」で「納豆ダイエット」なるものが放映された直後、スーパーから納豆がなくなった。二〇一二年六月、NHKの朝の番組でアーモンドやくるみが肌をつるつるにする効果があると報道された翌日、一部のスーパーではアーモンドやくるみが売り切れた。こうした事例でも明らかなように、日本ではメディアの影響力は極めて大きい。メディアの情

III 捜査機関・裁判所・メディアの何が問題か

報を鵜呑みにせず、ものごとを主体的に判断する「メディア・リテラシー」が定着しているわけではない日本では、警察が逮捕した事実を実名で報道すること自体が犯人視報道につながる。そして憲法的には以下の原理や権利が侵害される。

「個人の尊厳」、「幸福追求権」（憲法一三条）の侵害

ナチスによる壮絶な人権蹂躙への反省に立ち、現在のドイツ連邦共和国基本法は一条で「人間の尊厳は不可侵である」と定められている。「人間の尊厳」への侵害は、「人格を侮辱すること、迫害すること又はのけ者にすること」で生じると連邦憲法裁判所は判示してきた（たとえば一九九七年一一月一二日「損害としての子」事件第一法廷決定）。同様の内容を持つ日本国憲法でも、「犯罪者」として、あるいは「犯罪者の家族」とのレッテルを貼られれば、「個人の尊厳」（憲法一三条）が蹂躙されると解することができる。また、社会的に犯罪者、あるいは犯罪者の家族として社会的に扱われることで退職、離婚などの目にあえば、どのような人生を送るかを自分の意志で決めるという「幸福追求権」が侵害される。

無罪推定の原則、公正な裁判を受ける権利

刑事訴訟法を専門にする白取祐司北海道大学教授は「捜査段階から『犯人』としての扱いをマ

スコミから受け、捜査サイドの情報を一方的に流布されるのは『無罪推定の推定』原則に反する（自由権規約一四条二項）」と述べる（注17）。

また、「犯罪報道により裁判官に有罪の予断を与えた場合には『公平な裁判所』（憲法三七条一項）ないし予断排除の原則に反する」「有罪を強く印象づける犯罪報道は、被疑者・被告人の防御権を害する……具体的には、保釈の際の身元引受人、情状立証のための証人探しなどに悪影響が生じる」「偏った犯罪報道は、証人の記憶等にも影響を与え、真実発見にも有害」と指摘する。たとえば袴田事件（「資料編」一七〇ページ参照）では、第一審の裁判長はメディアに影響されたと同じく第一審の裁判官であった熊本典道さんは述べている。「大分みどり荘事件」（「資料編」一七二ページ参照）の証人は輿掛良一さんを犯人だという前提で証言した。

社会復帰の権利

刑事法を専門にする平川宗信名古屋大学名誉教授は「犯罪者も、憲法一三条の幸福追求権や憲法二五条の生存権に基づいて、刑を終えた後は社会に復帰して通常の生活を営む権利、すなわち『社会復帰の権利』があります。しかし、犯罪者として広く報道されると、再就職が困難になるなど社会的に受け入れられにくくなり、社会復帰が難しくなります。えん罪の場合でも、報道で一度犯罪者とされたイメージは消えにくく、事件前の平穏な生活には戻れないのが実情です」と

Ⅲ　捜査機関・裁判所・メディアの何が問題か

述べている（注18）。平川教授が言うように、いったん犯罪者として社会で認識されてしまうと、社会復帰が困難になる場合も少なくない。

4 弁護士に関して

えん罪を防止すること、罪を犯した人が犯した罪以上の刑罰を科せられないためには弁護士の活動は極めて重要である。しかし、すべての弁護士が適切に対応できるわけではない。弁護士が被疑者などとの信頼関係が築けないこと、適切な弁護を受けられないためにえん罪を阻止できなかった可能性がある事例もある。そうした例として、ここでは「足利事件」（五六ページ参照）第一審までの弁護士の活動と、「氷見事件」（五八ページ参照）での弁護士の活動を紹介する。

足利事件一審段階までの弁護活動

菅家さんが逮捕されてから数日後に、弁護士が足利警察署に来た。菅家さんの記憶によれば弁護士からは「三つ〔菅家さんに容疑がかけられた三つの幼女殺人事件〕のうち、一つもやってい

Ⅲ　捜査機関・裁判所・メディアの何が問題か

ないことはないんじゃないの？」（　）は飯島による補足）、「小さい子どもを殺すと、一人だって死刑はあり得るよ」と言われたという。菅家さんからすれば、訪ねてきた弁護士も、刑事や検事と似たような質問をするので、違いがわからなかったという。そして、「本当にやったの？やっていないんじゃないの？」と優しく聞いてもらえたら、「たぶん本当のことを言えたと思います。でも、そういう場面はありませんでした」と菅家さんは回顧している。

第一審の途中、菅家さんは無実を訴えだしたが、弁護士は「いままで嘘を言ってきたのか、もう一回裁判をやり直すつもりか」と菅谷さんを叱責した。そして「否認を貫くなら辞任もあり得る」と発言している。控訴審から弁護人となった佐藤博史弁護士は第一審弁護人と会ったが、「菅家さんが犯人であることは間違いがない」と断言していたという（注19）。

氷見事件での弁護活動

二〇〇二年四月、強姦と強姦未遂の犯人として柳原浩さんが逮捕された直後、当番弁護士が接見した。富山県弁護士会副会長という、要職にあったその当番弁護士が国選弁護人になった。その弁護士に柳原さんが「いや、僕はやっていない」と言ったら、「調査します」とだけ言って出て行った。調査してからまた来るのかと思っていたが、なかなか来なかった。

拘置所に移ってすぐに接見に来たが、「被害者に被害弁償金を払えば執行猶予が付くよ」とだけ言い、一〇分程度で帰ったという。一回目と二回目の接見は二カ月半以上空いており、その間に警察が自白をとった。

この弁護士は柳原さんの親族に、被害者二人に慰謝料として二五〇万円払うように持ちかけている。裁判で被害者の領収書が証拠として出てきたが、柳原さんは「裁判でやっていないといえなかった。やっていないならなぜ慰謝料を払ったのかと聞かれても答えられないからだ」と述べている。ちなみに慰謝料を払ったことを柳原さんは知らなかったという。

そして初公判前、この弁護士は柳原さんに「（裁判長に）真面目に話せば、罪は軽くなる」と説明した。判決後は、「まじめにやればすぐに出られる」と助言し、控訴しないほうが良いと柳原さんに思わせた。先に紹介したように、この事件でも、無実をうかがわせる事実があった。しかし弁護士は柳原さんの無罪証明にむけた弁護活動をしなかった。

Ⅲ　捜査機関・裁判所・メディアの何が問題か

5　えん罪被害の悲惨さ

警察や検察といった捜査機関、裁判所、そしてメディアによって「犯人視」された人がどのような状況に置かれるのか、ここで紹介したい。

「四大死刑再審無罪事件」（「資料編」一七四ページ参照）である免田事件は逮捕から三四年六カ月後、財田川事件では逮捕から三三年一一カ月後、松山事件は事件の一八年七カ月後、島田事件では逮捕から三四年八カ月もの間、身体の拘束がなされた。袴田事件（「資料編」一七〇ページ参照）の袴田さんは四六年、名張毒ぶどう酒事件（「資料編」一七〇ページ参照）の奥西勝さんは五一年間も身体を拘束されたままである。彼らの人生はもちろんのこと、彼らの家族や関係者にも取り返しのつかない被害を与え続けている。

107

免田栄さんのえん罪被害の状況

裁判で無罪が確定したから「良かった」というものではない。たとえば免田事件の免田栄さんが再審で無罪とされてから一〇年後の一九九三年、九州大学刑事訴訟法大出ゼミが熊本県と福岡県でアンケート調査を行ない、三一五通の有効回答を得たが、その結果は以下のようだった。

- 免田さんが犯人であるはずがない——一八（八・五％）
- 犯人だという印象がぬぐいきれない——四八（二二・六％）
- 犯人なのかどうかはわからない——一三八（六五・一％）

この結果から、捜査機関やメディアから犯人視されると世間一般の疑いを完全に晴らすことは困難だ。免田さんは二〇〇八年になっても「うまいことやった」などと悪口を言われ、故郷には住めずに福岡県で暮らしているという。なお、免田さんの目の前で一六〇人の死刑囚が刑場に送られたが、どう考えても無実の人が何人もいたという（注20）。

Ⅲ　捜査機関・裁判所・メディアの何が問題か

生活が破壊される——日弁連のアンケートから

日本弁護士連合会は一九八七年一一月の人権擁護大会で「人権と報道」の問題を取り上げ、事前に報道被害者へアンケート調査を行ない、五六通の回答を得た。

- いたずら電話・手紙　24
- 営業不振　23
- 周囲からの嫌がらせ　18
- 離婚・家庭不和　16
- 退職・転職　14
- 転居　14

この結果のように、周囲からのいたずら電話や手紙、その他嫌がらせを受け転居に至るものも多い。また、自営では営業不振に、勤務の場合は退職や転職を余儀なくされている。さらに、家庭不和をもたらし、離婚に至るケースも相当ある。

その他の事例

まずは「弘前大学教授夫人殺人事件」(「資料編」一七四ページ参照)のえん罪被害者である那須隆氏の事例を紹介しよう。後に真犯人が出たことでえん罪が明らかになったが、失ったものは大きすぎた。那須家は源平合戦で扇の的を射落とした那須与一の末裔に当たるが、えん罪を晴らすための裁判で先祖代々の財宝を手離さざるを得なくなった。また、那須隆さんが逮捕された際、母親は「人殺しの家族に食わせるものは置いていない」と罵声を浴びせられた。看護師だった妹は「人殺しの身内の世話にならん」と看護を断られ、教師だった弟は職を追われた。

「松山事件」(「資料編」一七四ページ参照)でのえん罪被害者の斎藤さんの姉は嫁ぎ先に子どもを残して離婚された。「徳島ラジオ商殺人事件」(「資料編」一七三ページ参照)のえん罪被害者、冨士茂子さんは「あれ以上裁判を続けよったら、お金がいって、子どもらを育てられません」として上告を取り下げて服役した。服役後も茂子さんは無実を訴え続けた。死の間際、冨士茂子さんは「裁判長さん。私は無実です。よろしくお願いします」と繰り返していたという。自分が犯罪者として死んでいくのはどれだけ無念であったろうか。

「大分みどり荘事件」(「資料編」一七二ページ参照)でも、輿掛さんの母は名前を変えなければ

III　捜査機関・裁判所・メディアの何が問題か

ならず、また、三人の姉は嫁ぎ先とうまくゆかず、一人は離婚にまで追い込まれた。「福井女子中学生殺人事件」（「資料編」一六九ページ参照）を担当した弁護士によれば、同事件のえん罪被害者は、新聞で事件に関係のないことが書かれ、三年後に無罪判決が出ても名誉は回復できず、職にも就けないためにますますシンナーにはまっていったという。

「氷見事件」（五八ページ参照）の被害者、柳原さんも二〇〇五年一月に仮山所したが、判決前には入院中の父親が亡くなり、「お父さんは悲しんで死んでいった」と言われ、拘置所で一日中泣き続けた。自分の子どもが「強姦の犯罪者」とされて死んでいった父親の無念さが想像できるだろうか。

「オヤジ狩り事件」（六二ページ参照）のえん罪被害者である当時一二歳だった少年は「学校にも行けなかったことは取り返しがつかない」としている。学校に行けなくなったことが、その子のその後の人生にどれだけ大きな影響を与えるのか、警察や検察は理解できるだろうか。

「志布志事件」（五九ページ参照）のえん罪被害者、永利忠義さんは、「顔に泥を塗られた。親子の縁を切る」と公務員の長男から電話で通告された。「親と警察、どっちを信じるの？」と妻のヒナ子さんの問いかけに長男は「新聞に書いてあるじゃないか！」と声を荒げたという。「それから音信はない」と忠義さんは述べている。汚名が晴れてからも、まだ連絡はないという。志布志事件でのえん罪被害者はみな職を失った。

「布川事件」（五五ページ参照）のえん罪被害者である杉山さんは最高裁で無期懲役が確定した際、自分の人生が終わったと思って髪の毛がごっそり抜けたという。桜井さんだが、無罪判決後、お墓にそなえつけてある茶碗がいつもひっくり返されている。

二〇一一年五月の「競艇選手神戸痴漢えん罪事件」（六六ページ参照）だが、競艇選手は逮捕された一週間後に結婚披露宴を控えていた。しかし逮捕されたために妻が親戚や友人らに泣く泣くキャンセルの連絡をした。キャンセル代など多大の経済的損失も被った。逮捕・起訴されたためにレースには出場できず、マンションも引き払ってそれぞれが実家でアルバイトをしながら暮らした。無罪判決後もネット上で犯人のような書き込みがなくなっていない。こうした被害を与えた兵庫県警須磨署では「おとり捜査中によくやった」と湧き、署長は栄転の予定だったという。

【注】

1　小沢一郎衆議院議員の資金管理団体である「陸山会」による土地購入に誤った記載があることが「政治資金規正法」違反の虚偽記載に当たるとして、二〇一〇年に東京地検特捜部が小沢議員の秘書三人を逮捕・起訴し、さらには二〇一一年四月、小沢氏に対しては無罪判決が下されたが、検察官役自身も起訴された事件。二〇一二年四月、小沢氏に対しては無罪判決が下されたが、検察官役を務めた指定弁護士が控訴し、まだ裁判が続いている。

2　『被疑者ノート』とは、接見の際に弁護士から渡されるもので、取調べの日時や取調官の名前、

III　捜査機関・裁判所・メディアの何が問題か

暴行や脅迫の事実などを書き残すことができる。日弁連や各地の弁護士会が作成している。
3　朝日新聞社編『無実は無罪に――再審事件のすべて』すずさわ書店、一九八四年、一四五頁
4　三井環「情報リークと冤罪のメカニズム」『冤罪 File No.10』宙出版、二〇一〇年、九七頁
5　二〇〇一年、佐賀市内の業者に担保価値を大きく上回る額の融資を行ない、佐賀市農協に損害を与えたとして農協の元組合長、元金融部長、元共済部長が「背任」容疑で逮捕・起訴され、佐賀地方裁判所は組合長に対して無罪、二〇〇五年に福岡高裁も無罪判決を支持し、確定した。元組合長は「ふざけんなこの野郎、ぶっ殺すぞ」という市川寛検事の脅しにより自白したが、そうした取調べが後にメディアで大きく取り上げられた。
6　市川寛『検事失格』毎日新聞社、二〇一二年、四八頁
7　二〇一一年二月、同年四月の地方選挙で票を得る目的で市内の飲食店で約二十数人の有権者に十数万円の飲食の接待をしたとして公職選挙法違反（供応買収）で市議と妻が逮捕された事件。会合に参加した人は自分でお金を払ったと主張したが、警察は「奥さんを引っ張るよ」「認めないなら一ヵ月でも調べ続ける」などと脅し、自白を迫った。こうした取調べを受けた二十数人が嘘の自白を強要されたとして、事件を担当していた弁護士が埼玉県警とさいたま地検に抗議文を送ったことがメディアで大きく報じられた。同年六月に起訴猶予処分となった。
8　樫田忠美『検事物語』雄渾社、一九五六年、三九頁
9　三井環『ある検事の告発』双葉新書、二〇一〇年、二七一頁
10　市川寛『検事失格』毎日新聞社、二〇一二年、三一五～三一六頁
11　朝日新聞社編『無実は無罪に――再審事件のすべて』すずさわ書店、一九八四年、七五頁

12 『東京新聞』二〇一〇年七月八日付
13 『法と民主主義』二〇一一年一月号(四六三号)、四七頁
14 小田中聰樹『冤罪はこうして作られる』講談社現代新書、一九九三年、二一九頁
15 朝日新聞鹿児島総局『「冤罪」を追え 志布志事件との一〇〇〇日』朝日新聞出版、二〇〇八年、一三二頁
16 菅家利和『えん罪 ある日、私は犯人にされた』朝日新聞出版、二〇〇九年、一八〇〜一八二頁
17 白取祐司『刑事訴訟法〔第四版〕』日本評論社、二〇〇七年、八四頁
18 平川宗信『報道被害とメディア改革 人権と報道の自由の観点から』解放出版社、二〇一〇年、一八頁
19 佐藤博史「『足利事件』の闘いを振り返って―その中間報告」(菅家利和『えん罪 ある日、私は犯人にされた』〈朝日新聞出版、二〇〇九年〉所収、一九二頁
20 免田栄『免田栄獄中ノート 私の見送った死刑囚たち』インパクト出版、二〇〇九年

IV えん罪を防ぐには

1 捜査機関が取り組むべきこと

捜査機関による人権侵害を防止するためには取調べの際の弁護人立会権の保障、逮捕・勾留と合わせて二三日間も身体拘束が可能となっていたり、取調べ時間の制限が保障されていない刑事訴訟法の改正などに加えて、以下のような改善が必要である。

憲法・刑事訴訟法の理念の徹底

たとえば私が逮捕の二日後に釈放された際、広島県警の若い女性警官は私に「無実かどうかわからない」と言い放った。「現行犯逮捕」された五月三日の夜も婚約者の前で広島県警の警察官たちは私を「飯島」と呼び捨てにしていた。

元検事の市川寛弁護士によれば、ベテラン副検事が「被疑者を犯人だと思って取調べろ」と研

Ⅳ　えん罪を防ぐには

　修で述べたという（注1）。フランスでは一七八九年の人権宣言で「無罪推定の原則」（九条）が定められているが、日本の警察や検察はフランスより二〇〇年以上も遅れており、近代法の基本原則である「無罪推定の原則」が浸透していない。えん罪が最大の人権侵害をもたらすこと、だからこそ「無罪推定の原則」が憲法の刑事手続の基本原理とされている意味を警察や検察は十分に認識していない。その結果、重大な人権侵害をもたらす逮捕や勾留などの身体拘束を簡単に行なってしまう。

　私の事件にしても、たとえ高校生の集団が私を痴漢だと警察に訴えたとしても、犯人ではないかもしれないという「無罪推定の原則」に基づき、はじめは任意捜査で事情をきくなどの慎重な対応を取るべきだった。にもかかわらず私を犯人だと決めつけ、いきなり無茶な現行犯逮捕で身体を拘束する。そしてさまざまな手段で自白させようとする。こうした戦前の刑事手続のあり方、今の憲法や刑事訴訟法で否定されている刑事手続のあり方が依然として行なわれている。

　これでは決してえん罪はなくならない。えん罪を防止するため、「無罪推定の原則」（憲法三一条）に基づき捜査を行なうこと、はじめは任意捜査で事情をきくなどの慎重な対応を取るべきだった。逮捕や勾留などの身体拘束は慎重に行なうこと（憲法三三条）の令状主義）、人権を尊重しつつ刑事手続を進めなければならないという「適正手続主義」（憲法三一条）に基づき、拷問や脅迫的な取調べは絶対に禁止されること（憲法三六条）、自白を強要してはいけない（憲法三八条）といった、憲法や刑事訴訟法の理念を徹底的に教育する必要がある。

ノルマの廃止

警察は課されたノルマ達成のために市民を犯罪者に仕立てている。

検察も名誉のために証拠や事件をでっち上げる。

ある警察官は「秋葉原の無差別殺人事件以降、とにかく数字を挙げろといわれる。だが、職質で検挙される被疑者は前科がなく、身元も確かな人が多い。事件防止に結びつくとは思えず、ノルマのために善良な人たちを犯罪者にするなんて、検挙された人の人権はどうなるのか」「（職質検挙された人は）検挙率アップのいけにえにされた感じだ」と述べている（『東京新聞』二〇一〇年七月七日付）。

二〇一二年三月、大阪で飲酒運転取締の際にねつ造したアルコール検出数値で交通切符を切ったとして大阪府警泉南署交通課警部補山下清人が証拠隠滅、虚偽有印公文書作成・同行使の疑いで逮捕された。大阪府警泉南署の七九件の交通違反事件のうち五一件を彼が検挙しており、彼は二〇一一年に「交通違反の取り締まりが優秀だ」として、交通部長賞を受賞していた。

元警察官で『GOOD BYE 警察』（文芸書房、二〇〇四年）などの著書もある真田左近氏は、「警察官には逮捕を望む心理がある」と指摘する。「警察署では毎年、警察本部が出す計画に基

IV えん罪を防ぐには

づき、取締件数などの努力目標（ノルマ）を定めている。達成しなければ予算や人員が削られる危機感もあり、こうした目標は警察官に逮捕を促しがち」と述べる（『東京新聞』二〇〇九年五月二八日付）。

元検事で参議院議員だった佐々木知子氏によれば、かつて検事だったころ、各県警察本部では、捜査二課が「サンズイ」（汚職の「汚」の偏をさす）を担当し、年に一件のノルマを課せられており、ある県では「この二年間に一つも上がっていない」とはっぱをかけられていたが、一つの事件を挙げると胸をなでおろしたという（注2）。こうしたノルマが志布志事件（五九ページ参照）や深谷市議事件（一二三ページ「注7」参照）などの事件をでっち上げる要因となったと考えるのは間違っているのだろうか？

いずれにせよ、事件をでっち上げて市民を犯罪者に仕立て上げる一因となるのが「検挙ノルマ」である。こんなノルマはただちに廃止されるべきだ。

取調べの可視化

拷問や脅迫的な取調べを警察や検察が行なう理由は何か。取調べが「密室」で行なわれるからである。密室で取調べが行なわれるから何をされてもわからない。そして人権侵害違憲・違法捜

査が行なわれ、えん罪の原因となる嘘の自白がもぎ取られる。取調べの際の人権侵害違憲・違法捜査、自白強要、えん罪をなくすためには、イギリスをはじめ多くの国で行なわれているように取調べの録音・録画（取調べの可視化）が必要である。

取調べの可視化については被疑者が真実を話さなくなり、「真実の発見」が困難になるとの反論がある。しかし、えん罪が生まれれば、それこそ捜査当局が「真犯人」を逃して無実の人を罰してしまうのだから、「真実の発見」とも反する。えん罪を生み出している大きな原因が密室での人権侵害違憲・違法捜査、それに基づく自白獲得であれば、そうした行為を監視する「取調べの可視化」は必要である。

実際、取調べの可視化で警察や検察による人権侵害捜査を防止できた事例がある。落し物の財布を盗んだという疑いで三〇代の男性が脅迫的取調べを受けた「大阪府警東警察署事件」（取調べは二〇一〇年九月三日）では、二人の警察官が「お前の意見を聞きに来たんちゃうや」「人生むちゃくちゃにしたるわ」と怒鳴ったり、家族を引き合いに出して「四人目も生まれるねん。こうした生活の基盤がなくなったらむちゃくちゃやん」と自白を強要した。そのあとも「手出せんと思ったら大間違いやぞ」と大声を出しパイプ椅子を蹴ったりした。しかし、取調べが始まってから約三時間後、録音されていることに気づいた警察官は急に緩やかな口調で「信じているよ」と握手を求めた（『朝日新聞』二〇一〇年一〇月二七日付）。

諸外国の「可視化」の状況

	全過程の録画・録音	弁護人の立会い
イギリス	○	○
アメリカ	※イリノイ州他	○
フランス	※休憩時間等を除く	○
ドイツ	×	○
イタリア	○	○
オーストラリア	○	○
台　湾	○ ※運用は△	○
韓　国	△	○
香　港	○	○
モンゴル	×	○
日　本	×	×

出典：「取調べの可視化で変えよう、刑事司法！」（日本弁護士連合会作成のパンフレット）より転載。http://www.nichibenren.or.jp/library/ja/special_theme/data/pam.pdf で閲覧・入手することができる。

　志布志事件（五九ページ参照）で、福岡高等検察庁が濱田元警部補を特別公務員暴行陵虐罪で起訴した際、福岡高検の検事と、いわゆる「踏み絵事件」の被害者である川畑幸夫さんが裁判前に打ち合わせをした際、同意を得て録音した際には大変紳士的で優しかったが、録音しないと告げて打ち合わせをしたら検事の態度は豹変したという。

　また、取調べの可視化がなされると、被疑者・被告人との間に「信頼関係」ができなくなると警察や検察は主張する。しかしえん罪被害者が取調べの全面可視化を求めているのは警察や検察の取調べで「信頼関係」が築かれるどころか、暴力的・脅迫的な取調べが行なわれたのを経験しているからである。こうした違法な取調べをなくすため、また、警察や検察にとっても「脅迫された」などと裁判所で言われないためにも「取調べの可視化」が必要である。

　その際、一部の可視化では、警察や検察にとって都合の良いところしか録音・録画されず、かえってえん罪を生みだす。実際、

代用刑事施設（いわゆる代用監獄）の廃止

拘置所（四一ページ「注3」参照）が不足していたため、一九〇八年の「監獄法」では警察の留置所を例外的に拘置所の代わりとして使うことが認められていた。こうした施設が「代用監獄」と呼ばれていたが、二〇〇七年に「監獄法」が「刑事収容施設法」に改正されたことに伴い、「代用監獄」は「代用刑事施設」と呼ばれるようになった。

「留置所」は警察署内にあるので、たとえ夜中でも被疑者を眠らせずに取調べることができる。免田事件（「資料編」一七四ページ参照）では、代用刑事施設を利用して夜も眠らせないで取調べを行ない、自白が強要された。財田川事件（「資料編」一七四ページ参照）では代用刑事施設に勾留中に食事の量を減らして自白させた。松山事件（「資料編」一七四ページ参照）では、警察は前科五犯の高橋某を斎藤さんと同じ部屋に入れ、スパイをさせていた。のみならず、高橋某は「いつまでも頑張ると拷問にか

「布川（ふかわ）事件」（五五ページ参照）では警察や検察にとって都合の悪い所は削除されるなどの改ざんがなされた。また、「足利事件」（五六ページ参照）のえん罪被害者菅家利和さんが指摘するように、任意同行、パトカーの中など、最初から最後まで全面可視化が必要である。

Ⅳ　えん罪を防ぐには

けられるぞ……だからやらないこともやったことにして、裁判のときに本当のことを言え」などと、言葉巧みに斎藤さんへの自白をそそのかした。暴力的取調べに苦しんでいた斎藤さんは、彼のそそのかしにのって自白をはじめた。

引野口事件（六三ページ参照）でも、警察は同房者にスパイ活動をさせていた。同事件の無罪判決では「同房者を通じて……捜査情報を得るためであったことは否定できない」「代用監獄への身体拘束を捜査に利用したとの謗りを免れない」などと、代用刑事施設を批判した。代用刑事施設の最大の問題点が引野口事件でも証明された。

二〇〇四年に刑事収容法改正が改正され、新たに「留置施設視察委員会」の設置（刑事収容法二〇条）や「被勾留者の不服申立制度」（刑事収容法二二九条）などが新設され、運用改善が期待されるとの見解もある。しかしこの法改正により留置場が代用刑事施設として存続することになった（刑事収容法二〇条）。刑事手続に関して、憲法上は、被疑者・被告人は警察・検察と法的には対等な立場にあるという「当事者主義」が採用されている（二二ページ参照）。ところが「代用刑事施設」は対立する当事者である警察にその身を完全に委ねるものであり、「黙秘権」「弁護人依頼権」などの防御権を侵害する可能性が高い。憲法違反の存在であり、「えん罪の温床」といわれてきた「代用刑事施設」は廃止すべきである。

証拠の全面開示

元検事の三井環氏は証拠開示について以下のように述べている。

　検察や警察が押収したにもかかわらず裁判所に提出しない証拠（残記録）の全面開示が急務です。この残記録とは、被告人に有利な証拠であることが多いのです。検察は捜査上のストーリーを作り、それに沿った証拠しか裁判所に提出しません。……検察が証拠を隠したために、やってもいないことで有罪にされた人たちは数えきれないでしょう。もし証拠の全面的開示が義務づけられていれば、無念の歳月を過ごさずに済んだはずです。泣くのは被疑者、被告人だけです」〈『実録　死刑囚』ミリオン出版、二〇一一年〉所収、二一三頁）

　また、「松川事件の諏訪メモ」（資料編）一七三ページ参照）に関して元裁判官の秋山賢三氏も以下のように述べている。

IV　えん罪を防ぐには

この事件では一審で一七名が有罪とされ、五人に死刑判決が下されたが、もし検察側が「諏訪メモ」を隠匿せず、第一審福島地裁の段階で明らかにしていたならば、別の被告の自白を根拠とする「四九年八月一五日午前一一時からの福島国労事務所における共同謀議」は「空中の楼閣」と化した筈である。当然、一審段階ですでに全員無罪が言い渡されたことであろう。そのような重要なアリバイ証拠を隠し続け、そのために一審では五人もの人間に死刑判決が下されたのである。そういう裁判構造が基本的に今でも是正されることなく、我が国の刑事裁判は進んでいる。これは誠に恐ろしいことである。（秋山賢三『裁判官はなぜ誤るのか』岩波書店、二〇〇二年、六一頁）

先に松川事件の事例を紹介したが、無罪の証拠を隠すのは警察や検察の得意技である。被告人が無罪である証拠が隠されることでえん罪が生じる。

徳島ラジオ商殺し事件（「資料編」一七三ページ参照）では、検察が内部犯行説にこだわって冨士茂子さんを起訴し、裁判所でも有罪が確定した。しかし再審で検察から提出された、それまで提出されなかった証拠には、侵入者の足跡が布団にはっきり残っている写真があった。つまり「外部犯行説」の明らかな証拠を検察が隠していた。

東電OL殺人事件（「資料編」一六八ページ参照）でも、捜査機関は被害者女性の胸からゴビン

ダさんとは異なるO型の血液型を検出していたのにそうした証拠を隠してB型のゴビンダさんを逮捕、起訴した。この証拠を検察は一四年間も隠していたが、この証拠が再審決定の理由になったように、もしこの証拠が第二審の段階で提出されていれば無罪になった可能性を否定できない。

検察によるこうした証拠隠しが起こらないようにするためにも、証拠の全面開示制度が導入されるべきである。

起訴した者を本当に犯人だと検察が確信しているのであれば、どのような証拠があっても検察は対応できるはずであり、正々堂々と証拠を全面的に開示すべきだ。

えん罪を防ぐのは「適正手続主義」(憲法三一条)の内容であり、証拠の全面開示はその要請である。証拠を全面開示すると証拠隠滅がはかられたり、証人を脅すなどの問題が生じると検察は主張する。しかし戦前の刑事手続では証拠は裁判所にすべて提出され、弁護士が自由に閲覧できたが(注3)、証拠の隠滅や証人の威圧などが問題になってはいない。

「証拠あさりは許されない」と検察は口をそろえるが、検察が入手した証拠はいったい誰のものか。私たち市民からの税金を使い、かつ市民から委託を受けた権力に基づいて入手した証拠である。証拠は検察のものではない。「検察の手中にある捜査の成果は、有罪を確保するための検察の財産ではなく、正義が確保されるために用いられる公共の財産である」(カナダ最高裁スティンチコム判決〈一九九一年〉)という言葉が銘記されるべきである。

二〇〇四年の刑事訴訟法改正により、公判前整理手続による刑事裁判には証拠開示制度が新設

126

IV　えん罪を防ぐには

された（注4）。しかし公判前整理手続によらない一般の刑事裁判については最高裁判所の判例で認められた制限的な証拠開示にすぎない。全面開示が認められていない点で不十分だろう。

立法論としては、たとえば松川事件弁護団の一員である今井敬彌弁護士が述べているように、「刑事訴訟法を改正して検察官に手持ちの証拠すべての開示を義務づけ、それに違反して、証拠を隠した場合、厳罰を科す必要がある」（『朝日新聞』二〇一〇年一〇月一六日付）。

身体拘束場所の改善

外を歩けること、人と話すことは普段は別に何でもないことと思われるかもしれない。しかし実際に勾留などをされると、普通に生活できることがどれほど幸せかを実感する。「政治家でも留置場で一晩、二晩暮らすと、胃に穴があいちゃうという話を聞いた」「靴下の中に砂糖を隠していて、それをお湯に溶いて同房の人と飲んだら、『こんなにうまいものが世の中にあるのか』って感動したそうです。ただの砂糖とお湯ですよ」という話を刑務所に入った知人から、松本サリン事件の河野義行さんは聞いたという（注5）。

留置場の状況、それは「劣悪」の一語に尽きる。憲法二五条一項では「すべて国民は、健康で文化的な最低限度の生活を営む権利を有する」とされているが、留置場はお世辞にも「健康で文

化的な最低限度の生活」とは言えない。私は二日後に釈放されたが、外を歩けることがこんなに幸せなことだとは思ってもみなかった。狭い留置場に閉じ込められ、やることもほとんどない。私は「二一番」と呼ばれ、人間的な扱いをされない。こんな所にいると精神的にもおかしくなりそうになる。

こうした環境では、身体拘束が長期にわたれば体調を崩すこともあろう。精神的な孤立感から嘘の自白に追い込まれ、その結果、裁判でも有罪判決が下され、えん罪が生じる事例も多い。たとえばアメリカでは被疑者・被告人になっても外部と電話で話すことができる。アメリカのような状態であれば、精神的に追い込まれて嘘の自白をするような事態が減るかもしれない。私自身の体験として、えん罪防止のためには身体拘束場所の改善も必要となろう。

警察、検察への個人責任追及制度の確立

えん罪被害者は精神的、経済的に回復不可能な被害を受けるが、その原因を作った警察官や検察官は栄転したり、退職後も退職金をもらい裕福な生活をしている場合が多い。「悪は眠らせない」とはある検事総長の有名な言葉だが、拷問や脅迫的取調べなどを行なった警察や検察は「いびきをかいて眠っている」。

IV　えん罪を防ぐには

警察官による拷問などについては「特別公務員暴行陵虐罪」（刑法一九五条）があるし、国家賠償請求で国や自治体の違法行為が認められた場合、違法行為を行なった公務員に対して国や自治体は賠償を請求することになっているが（国家賠償法一条二項）、こうした請求がなされることはほとんどない。検察官が警察官、ましては検察官が検察官を起訴しない傾向があるのは、たとえば、小沢一郎衆議院議員の政治資金規正法違反事件（一一二ページ「注1」参照）で虚偽の報告書を作成して小沢議員の起訴を誘導した田代政弘検事が不起訴処分（二〇一二年六月二七日）になった例を見ても明らかだろう。

暴力や脅迫的な人権侵害違憲・違法捜査を行なった警察や検察に対しては、個人責任、とりわけ民事賠償責任を問う制度の充実、確立が必要である。最高裁判所は一貫して公務員の個人責任を追及することはできないとしてきた。学説でも、被害者救済のためには支払い能力のある国や自治体が賠償すれば十分であること、公務員の職務執行を委縮させる可能性があるとして、公務員の個人責任を追及することには否定的な見解が多い。しかし国や自治体が不法行為を行なった公務員への賠償を常に肩代わりをするというのでは、公務員の違法行為はなくならない。

また、人権を侵害する捜査は委縮してもらわなければ困る。そもそも、拷問や脅迫的取調べを行なって、人の人生を壊滅させた警察官や検事がどうして守られなければならないのか。たとえば警察が共産党幹部の家を盗聴した事例について、「違法な行為と知りつつ、現に本件盗聴を実

行したことが明らかな被告警察官らについて、その個人としての責任を否定すべき積極的理由は見出し難い」として、警察官の個人責任を認めた判例がある（日本共産党幹部宅盗聴事件）。人権侵害違憲・違法捜査を防止するためにも、拷問や脅迫的取調べをした警察官や検事などへの民事責任を問う制度の確立が必要である。

検察官上訴の廃止

憲法三九条では「何人も、実行の時に適法であつた行為又は既に無罪とされた行為については、刑事上の責任を問はれない。又、同一の犯罪について、重ねて刑事上の責任を問はれない」と定められている。三九条があるのに検察官が上訴することが許されるのかどうかが問題とされた。最高裁判所は、判決が確定したのちに同じ事件を刑事裁判にかけるのは「二重の危険」に反するが、裁判が確定する前の検察官の上訴は「二重の危険」に反しないとしてきた（最大判昭和二五年九月二七日刑集四巻九号一八〇五頁）。

しかし、三九条については、イギリス・アメリカ流に一度無罪の判決を受けたら検察の上訴は許されないという「二重の危険」（double jeopardy）について定めた規定という見解も有力に唱えられている。アメリカ合衆国憲法修正第五条では「何人も、同一の犯罪につき重ねて身体生

IV えん罪を防ぐには

命の危険にさらされることはない」と規定されている。アメリカでは陪審を伴う事実審 (trials) が重視され、ここで「危険」にさらされたことになり許されない。無罪の評決が出されたのちに検察が上訴するのは「二重の危険」にさらすことになり許されない。アメリカの強い影響力のもとで成立した日本国憲法三九条の英文も "nor shall be placed in double jeopardy" とされ、アメリカ法的な制度が想定されていると解することができる。

平野龍一東京大学名誉教授が指摘していたように、日本の三審制度は「陪審制度を採用することができなかったわが国の官僚的な裁判制度の下において、その欠点をおぎなうために認められたかなり特殊な制度」である（平野龍一『刑事訴訟法概説』〈東京大学出版会、一九九〇年〉二〇四頁）。日本でも第一審裁判所で事実や法適用をめぐり被告側と検察側で十分な主張・立証がなされたうえで判決が下される建前になっている。つまりは一度「危険」にさらされている。そうした判決で出された「無罪判決」に対して検察官が上訴するのは同じ危険に被告人をさらすことになり、「二重の危険」に反する。主権者である国民が事実認定や法適用の判断に関与する「裁判員制度」がはじまった日本では、ますます検察官上訴は憲法的に許されないものとなろう。

英米流の「二重の危険」には、被告人という立場に長い間置かれるのは人権保障に反するという考えがある。実際、裁判が長引けば、長期間、被疑者・被告人の立場に置かれ、精神的にも経

済的にも多くの負担が生じる。刑事裁判にかけられることで判決が確定するまで刑罰への負担におびえ、「生殺し」のような状態に置かれ続ける。私自身、五月五日に処分保留で釈放され、八月二四日に不起訴処分が出るまでのわずか三カ月とはいえ、精神的・経済的にも極めて不安定な生活を強いられた。これでは憲法一三条で保障されている「個人の尊厳」は否定されつづけ、「幸福追求権」は絵に描いた餅となろう。

そして日本の裁判の現状を考慮しても、無実が明らかである多くのえん罪事件で検察はメンツのために引き延ばしを行なってきた。「松川事件」（「資料編」一七三ページ参照）では、被告人が無実であることを証明する「諏訪メモ」の存在が最高裁判所で明らかになったので高等裁判所に差し戻され、さらに差し戻された控訴審で、最初の段階で検察が提出した「スパナ」が偽物であったことが明らかになり、無罪判決が下された。これほど明らかな無罪証拠があっても検察は最高裁判所に上告した。

「甲山事件」（「資料編」一七三ページ参照）では事件を通じて一度も無罪が下されていないのに、検察の上訴のために二五年間、二二歳から四八歳まで無実の保育士さんは事件に釘づけにされた。

「東電OL殺人事件」（「資料編」一六八ページ参照）でも、第一審は無罪であったのにメンツや組織防衛のために検察官は上訴した。そしてゴビンダさんが無実である証拠を検察が隠していたこともあって、高等裁判所、最高裁判所で無期懲役が確定してしまった。

132

Ⅳ　えん罪を防ぐには

三九条の解釈としては、「既に無罪とされた」というのは無罪判決が下されたと意味に解し、検察官の上訴は憲法違反だと考えるべきである。かりに憲法違反でないと考えるとしても、検察の引き延ばし作戦のために無実の人が精神的・経済的にも甚大な被害を受ける「被告人」という立場に置かれる状況からできるだけ早く解放するため、法政策論としても検察官上訴は廃止されるべきだろう。

2 裁判所に関して

裁判官の意識改革

「えん罪」が起こる主な責任は、多くの場合は有罪判決を下す裁判所にある。裁判官といえども人間だから、間違いはあるなどと考えるかもしれない。しかし今の日本の刑事裁判でのえん罪はそういった次元の話ではなく、一般人の感覚からすればあまりに非常識な判断を行なう。

こうした非常識な認定をする原因が裁判官の忙しさにあるなら、裁判官の増員が必要となる（この点については後述する）。

また、裁判官の常識や想像力の欠如がこうした非常識な事実認定をする一因なら、市民感覚を取り入れる必要がある。一般市民を刑事裁判に関与させる「裁判員制度」には「守秘義務」など、いろいろな問題があることは確かだ。しかし、市民感覚を取り入れ、非常識な認定をしないとい

Ⅳ　えん罪を防ぐには

う点ではいまのところは成功しているように思われる。「裁判員制度」では、最初は社会的に関心の高い事件にするとの考えから、対象が「死刑又は無期の懲役若しくは禁錮に当たる罪に係る事件」（裁判員法二条一項一号）に限定されている。

裁判員制度の見直しをめぐる議論では、覚せい剤や性犯罪などは裁判員の対象から外すべきとの意見がある。覚せい剤の犯罪では、市民感覚が反映され、検察の非常識な見立てが「裁判員裁判」で否定されてきた。しかし、痴漢裁判は裁判員の対象となっていないが、たとえば私の論文「憲法からみた『あるべき刑事手続』とその現状」（四一ページ「注2」参照）でも紹介したように、一般的な常識では考えられないような事実を裁判所は認定する。量刑という点では痴漢えん罪は大したことない犯罪に分類されてしまうが、「痴漢」で有罪とされれば大きな被害をもたらす。私自身、検察の処分が出ない間、かりに起訴され、非常識な職業裁判官による裁判を受けるかもしれないと考えたら「ゾッ」とした。これまで述べてきたように、職業裁判官による非常識な事実認定の結果として多くのえん罪が生み出されてきたが、こうした事態を改善するためにも裁判員裁判の対象を広げる必要がある。

アメリカの陪審制では多くのえん罪が生まれていることが問題とされているように、日本の「裁判員制度」にも絶えず注意が必要だが、いままでのところは市民感覚が反映された、妥当な判断が下されている。現在の日本の司法の現状を考える場合、日本の職業裁判官よりは市民のほ

135

判検交流の廃止

裁判官と検事の間では一定の期間、裁判官が検事になったり、検事が裁判官になるといった「判検交流」と言われる人事交流が行なわれてきた。第二次世界大戦後の間もない頃、法務省に民事の専門家がいないために始まった制度と言われ、現在でも行なわれている。「検察官の仕事を客観的に見ることができる」というメリットが挙げられる。しかし、こうした人事交流があっても「公平な裁判所」(憲法三七条)と言えるのか。

たとえば「西武池袋小林事件」。小林さんは腱鞘炎で指が曲がらないと医師が法廷で証言したにもかかわらず、女性の膣の中に指を入れて三分くらい出し入れしたなどとして痴漢行為で有罪とされた。第一審でこうした非常識な判決を下した白坂祐之判事だが、判検交流で出向しており、判決から二カ月後に検察庁に戻った。検事が出向で裁判官として判決を下す。これで「公平な裁判」を期待しろというほうが無理だろう。

うが正常な感覚を有しているように思われる。裁判員裁判の対象を重罪に限定することなく、否認事件に関しては裁判員裁判による裁判の可能性を認め、裁判員裁判か職業裁判官による裁判の選択権を被疑者に認めるべきである。

二〇一二年度からは刑事分野での「判検交流」は廃止されたが、民事分野では民事裁判官が法務省に出向し、国が被告となる裁判の国側の代理人を務める「訟務検事」となる。二〇一二年四月段階でも三〇人程度が交流している。裁判の公平さを損なう判検交流はただちに廃止されるべきだ。

弁護士を裁判官に採用すべき

たとえば令状当番（注6）が回ったとき、勾留請求が一日に最大で二〇件、それも夕方から集中することもある（注7）。これで一件についてどれだけ検討する時間があるのだろうか。また、裁判官は単独事件を一年間で約二五〇件から三〇〇件の事件を担当するが、こうした状況で一件についてどれだけの時間を割けるのだろうか。

裁判官があまりにも忙しいゆえに事件に十分に向き合うことができず、えん罪を生み出す一因となっているとすれば、裁判官の多忙さを緩和させる施策、たとえば裁判官の増員が検討されるべきである。その際、「無罪推定の原則」を無視する判決を下す裁判官が多いことも配慮すると、裁判官の増員は実務経験のある弁護士から裁判官を採用する「法曹一元」の実現により果たされることが望ましい。

Ⅳ　えん罪を防ぐには

弁護士、裁判官、検察官が初めからその職に就き、そのまま同じ職にとどまる制度が「キャリアシステム」と言われる。日本では「キャリアシステム」が採用されているが、日本型キャリアシステムのもとでは広い視野を持った裁判官が育つのを妨げ、裁判官が官僚的になる傾向がある。そのために一般人からすれば非常識な事実認定を行なってきた。それに対して英米法系の国では弁護士経験を経た者が検察官や裁判官になるが、こうした制度が「法曹一元」と言われる。「法曹一元」の制度では、実際に弁護士として活動した人間が裁判官になるので、「世間知らず」の裁判官が生まれにくい。官僚司法制度を克服し、常識的な裁判が行なわれるようにするため、裁判官は実務経験のある法曹から採用する「法曹一元」が目指されるべきだ。

Ⅳ　えん罪を防ぐには

3　メディアに関して

犯人視報道の改善

先に紹介したように、私自身が痴漢えん罪の報道をされた際、「一人で広島に来ていた」「酒に酔っていた」「別の場所で二人にさわった」など、事実でない、あるいは誤った印象を与える報道がなされた。少しでも私の弁護士などに取材をすれば、これほど誤った記事を書かなかったであろう。

こうしたメディアによる犯人視報道の一因が「記者クラブ」にあるのなら、「記者クラブ」の廃止も検討されるべきだ。元検事であった三井環氏は記者クラブに関して、「やっぱりなくしたほうがいいね。捜査機関と癒着関係が完全に出来上がっているし、記者クラブに加盟していない記者からみれば不平等でしょう」と述べている（注8）。

日本には「記者クラブ」という制度があり、それぞれの官公庁には各メディアの記者が詰めて

いる。「記者クラブ」に加入していないと官庁は取材を許さない状態になっている。そして三井環氏が検察にいたころ、検察を批判した記者は「出入り禁止」にしたという。これでは「権力への監視」など、できるわけがないだろう。原発報道で明らかになったように、メディアは権力側の発表を垂れ流す組織に堕しているが、その原因となる「記者クラブ」の廃止が検討されてよい。

原則匿名報道の採用

一九九九年一〇月の日弁連人権大会で、「大分みどり荘事件」（「資料編」一七二ページ参照）のえん罪被害者の興掛良一さんや「甲山事件」（「資料編」一七三ページ参照）のえん罪被害者の山田悦子さんはメディアに「逮捕時に実名報道されると、家族もろとも社会的に抹殺される」「匿名報道は私たち市民のほんのささやかな要求です」と述べている。「志布志事件」（五九ページ参照）でも、自分たちは犯人視報道されて非常に苦しい思いをしたので、せめて初期報道での実名報道はやめてもらいたいとの声があがっている。「看護師爪ケアえん罪事件」（「資料編」一七一ページ参照）で被害を受けた看護師さんも私の取材に対して、ある段階までは匿名で報道すべきと述べている。「東住吉放火事件」（「資料編」一六八ページ参照）を担当している齋藤ともよ弁護士も「現に、警察の『犯人逮捕』報道を元に、弁護人が『被疑者は自白している』と述べたとし

Ⅳ　えん罪を防ぐには

ても、後に無罪となった事件がいくつもある。そして、実名報道がなされると、逮捕時点で、被疑者の名誉は回復できないまでに傷つけられてしまう」と述べている。

このように、実際にえん罪にあった人、その弁護を担当された弁護士は、原則として「匿名報道」であるべきだと主張する。刑事裁判にかけられた人が必ずしも犯罪者であるわけではない。だからこそ、えん罪や報道被害を避けるためにも、ある段階（たとえば判決確定）までは公人を除き、実名報道を控えることが必須である。実は私自身、こうした被害にあうまでは犯罪報道の際に実名で報道されても問題はないと考えていた。しかし取材もしないで事実を脚色するメディアの体質、そして本人のみならず家族や関係者もまきこむ実名報道の被害の大きさを知るにおよび、実名報道は重大な人権侵害をもたらすことを知った。

「権力監視」のためや、「誰が」はニュースの基本であり、実名で書かないと信憑性が失われると多くのメディアは主張する。しかし新聞をよく見ると、警察や検察が不祥事や犯罪を犯した場合、匿名になっていることが多い。

たとえば二〇一二年一月一八日付『毎日新聞（夕刊）』では、「取り押さえ急死　警官書類送検へ」との見出しの記事があり、「栃木県日光市の民家で昨年四月、県警今市署員に取り押さえられた男性（当時三〇歳）が急死した事件があり、県警は近く、特別公務員暴行陵虐容疑で署員を書類送検する方針を固めた」との記事がある。翌日の『毎日新聞』の夕刊でも「巡査が電車内で

141

「痴漢」との見出しの記事があり、「警視庁第六機動隊に所属する二〇代の巡査が女子中学生の尻を触ったとの見出しの記事があり、「警視庁第六機動隊に所属する二〇代の巡査が女子中学生の尻を触ったとして、東京都迷惑防止条例違反で野方署に現行犯逮捕されていたことがわかった。巡査は容疑を認めているといい、警視庁は懲戒処分を検討している」との記事がある。

メディアは「権力の監視」「実名は報道の基本」などと言いながら、警察官などの犯罪の際にはこのように匿名で報道している。たとえば氷見事件（五八ページ参照）で暴力的な取調べを行ない、えん罪の原因を作った長能善揚刑事の名前をほとんどのマスコミは実名で報道しようとしない。「権力の監視」というのであれば、こうした者こそ実名で報道するべきだろう。「権力の監視」というのは言い訳になっていない。もう一度、右記の記事を見てほしい。実名で記載されていないから、これらの記事は信用できないと思うだろうか？

被疑者の段階でも、確かに実名が必要な場合もある。たとえば国民主権の観点から、国民が政治を委ねてもよい人物かどうかを判断する材料の提供のため、選挙で選出される可能性が高い「公人」の犯罪行為などを実名で報道するのは必要であろう。選挙への影響力を持つ人物も「準公人」として扱い、一定程度の実名報道は許されよう。

しかし、「個人の尊厳」を保障するという立場からすれば、私人の犯罪報道に関しては匿名で報道するという「匿名報道主義」が原則とされるべきだ。「ペンによる人権蹂躙」は正当化されない。逮捕とは犯罪の疑いがあるという捜査機関の行為に過ぎず、本当に犯人かどうかはまだ不

Ⅳ　えん罪を防ぐには

明である。毎年の『犯罪白書』を見ると、平均して逮捕された人の約三割、約七万人が起訴されていない。しかし実名で報道されたことで社会的には莫大な被害を受ける。裁判で確定したわけではないのに犯罪者のように社会的に扱われて被害を生じさせる行為は「無罪推定の原則」に反する。実名報道がなされることで、実名報道された本人やその関係者の「個人の尊厳」が蹂躙され、「幸福追求権」、「プライバシーの権利」や「公正な裁判を受ける権利」、社会復帰も阻害される。

たとえばヨーロッパでは多くの国が日本のように多くの紙面を割いたり、テレビで大々的に犯罪報道をしていない。また、報道された場合でも逮捕された段階で実名で報道される国は多くないし、アメリカで日本のような犯罪報道をしたら、巨額の損害賠償請求がなされる。日本で犯罪報道がなされるとしても、人権尊重という立場からすれば、権力者などの犯罪を除き、匿名で報道すべきである。スイス法に詳しい奥田喜道跡見女子大学講師によれば、スイスでは権力者の犯罪でない場合、本人や家族の人権、社会復帰という視点から、逮捕段階ではもちろん、刑が確定しても実名で報道されることは原則としてないという。実名報道を重ねてきたメディアは人権尊重の立場を遵守し、報道姿勢を改めることが期待される。

法学説の役割

メディアによる被害に関しては一部の法学説にも責任がある。さすがに現在の犯人視報道は問題だと考えているようだが、実名報道自体は「表現の自由」（憲法二一条）や「知る権利」を根拠に認められるべきという主張が一部の法学者から唱えられている。

「実名報道すること自体は犯人視したことにならない」などという、一部の法学者の主張は日本社会の現実からあまりにもかけ離れている。だからこそ多くのえん罪被害者は実名報道をやめるように主張しているのだ。

「実名で報道されることによって権力が監視される」とも言われることがある。確かに実名で報道されることで支援の輪が広がるなど、そうした面がないわけでもない。私の場合も実名で報道されたことで知り合いが積極的に動いてくれた。しかし、実名報道がなされることで、比べものにならないほどの精神的・経済的な打撃を受けることを忘れてはならない。「裁判で賠償請求をすればよい」などとの意見も出されるかもしれないが、例えば憲法学者の私でも、家族や関係者のことを考えると、現実問題としてはそんな簡単に裁判に踏み込めるわけではない。

Ⅳ　えん罪を防ぐには

4　弁護士に関して

なぜ刑事手続で弁護士が重要なのか

人権侵害違憲・違法捜査の監視

犯罪を犯していない人でさえ、警察や検察の拷問、脅迫などによって人権侵害違憲・違法捜査が行なわれる事例がある。つい最近では、たとえば二〇一一年四月二四日投開票の埼玉県深谷市議選で当選した市議と妻が公職選挙法違反で逮捕された深谷市議事件（一一三ページ「注7」参照）。この事件では、支援者二十数人を集め、投票と票のとりまとめを依頼するために一人あたり数千円の接待をしたとして市議と妻が逮捕された。警察は「関係のない家族も呼ばざるを得ない」「元の勤め先に連絡する」「お子さんはこんな会社に勤めていますよね」などと、事情聴取した有権者らに虚偽の証言を強要した。白井正明弁護士はそうした自白を強要する取調べに抗議す

る申入書を埼玉県警とさいたま地検に送った。さらに二〇一一年五月二六日の記者会見で警察が嘘の供述を強要したことを白日のもとに曝した。そうした弁護活動により、この事件は不起訴処分になった。

志布志事件（五九ページ参照）で「踏み字事件」を起こした濱田元警部補は「特別公務員暴行陵虐罪」で起訴された。その裁判の途中で、福岡高検の室井和弘刑事部長（当時）は「あなた踏み字が一〇回だと言っているが、あなたの言っているのは全部嘘だよ。濱田の言っている一回が本当だ。一〇回と言い張るなら逮捕する」と、「踏み字事件」の被害者である川畑幸夫さんを脅した。この件について弁護士と相談した結果、二〇〇七年一二月二六日の記者会見で室井和弘検事に脅されたいきさつを明らかにした。

このように弁護士は人権侵害違憲・違法捜査を監視し、世間に告発する。「オヤジ狩り事件」（六二ページ参照）でのえん罪被害者である藤本敦史さんは、警察から拷問・暴力を受け続けたが、弁護士が来たとわかると刑事たちの態度が豹変したという（注9）。

不起訴処分・無罪証明にむけた活動

たとえ裁判で無罪となっても、起訴されると被告人や家族、その関係者は言語に絶する精神的・経済的な損害を被る。無実の人が疑われたときに不起訴処分にさせることができれば、それ

IV　えん罪を防ぐには

が一番良い。弁護士としては裁判にならないように不起訴処分の獲得に第一の目標を置くことになる。最終的に不起訴処分になっても処分保留が長い期間にわたると精神的、経済的な不利益を被るので、できるだけ早く不起訴処分の獲得を目指すことになる。

また、無罪証明に向けた活動が弁護士の役割となる。足利事件（五六ページ参照）で二審から菅家さんの弁護人となった佐藤博史弁護士や神山啓史弁護士は、犯行現場で菅家さんを見なかったと証言する証人を見つけたり、最終的にはDNA型の再鑑定に持ち込み、「DNA型が一致しない」との結論を引き出して菅家さんのえん罪を証明した。

引野口事件（六三ページ参照）では、被告人との接見で同房者の不審な行動を知った弁護士が証拠開示請求を通じて警察のスパイ工作の全容を明らかにした。そのことが無罪につながった。

東住吉放火事件（「資料編」一六八ページ参照）でも、家に七リットルのガソリンをまいてライターで火をつけたという朴さんの自白が虚偽であることを明らかにするため、弁護団は車を二台購入し、自動的にガソリンをまく機械を専門家に作成してもらい、静岡県小山町で実験を行なった。危険なので消防局にも事前に出動を要請した。弁護団のこうした実験活動の結果、朴さんの自白のように火をつけることが不可能なことが判明し、その結果を受けて二〇一二年三月に再審開始決定が出された。

刑事事件で被疑者・被告人にされた者は自己の無罪を証明し、あるいは不起訴処分を得るため

に有利な証人や証拠を確保する必要がある。しかし多くの被疑者・被告人は警察や検察に対抗できるだけの法的知識を欠いている。さらには身体を拘束されているために無罪を証明するを自分で行なうことができない。そこで警察や検察に対抗できるだけの法的知識をもつ弁護士によ
る、無罪の証明にむけた活動が期待されている。

被疑者・被告人などの精神的なサポート

被疑者・被告人やその家族などへの精神的サポートも弁護士の役割として重要である。理不尽な状況におかれた被疑者・被告人は気が弱くなる。とりわけ家族との意思疎通が絶たれることで絶望感に打ちひしがれる。そうした状況で弁護士と接見し、話を聞いてもらうだけで気がやすまる。

たとえば、引野口事件（六三ページ参照）の片岸みつ子さんは、「接見禁止（注10）が続き外部と隔絶された中で、弁護士との接見で子どもや友人からの激励等も知らされ、否認を貫徹できたという」（注11）。足利事件でも「頼りがいのある弁護士たちの熱意が伝わってきて、自分も頑張らなければならないと思いました」と菅家さんは回顧している（注12）。

『被疑者ノート』

痴漢弁護の事例だが、「弁護士が付く前と付いてからとでは明らかに取調官の態度が違い、毎

Ⅳ　えん罪を防ぐには

日被疑者ノートを書いていることを知ると、さらに対応が軟化した」事例（注13）があるように、『被疑者ノート』は人権侵害違憲・違法捜査やのちの無罪証明にも効果を発する。

「弁護人との相談内容などを聞かれたときは、必ずどういうことを聞かれたか、つけておいてください。被疑者と弁護人の相談内容を、捜査機関が聞きだそうとするのは、違法です」と広島弁護士会刑事弁護センターが発行した『被疑者ノート　バージョン3』に書かれている。

志布志事件（五九ページ参照）でも警察や検察は被疑者と弁護士の接見の内容を聞きだし、調書にまとめたが、『被疑者ノート』の上記の記述は、「接見交通権」（刑事訴訟法三九条）違反の行為を捜査機関に警告すると同時に、こうした行為が違法だということを被疑者に教える意味もある。

郵便不正事件（六五ページ参照）での村木氏の無罪確定の際にも、上村元係長の『被疑者ノート』は役に立った。大阪地検特捜部は上村元係長から「村木元局長から指示された」旨の供述を引き出そうとした。そのやり取りについて、上村元係長の『被疑者ノート』で「どうしても村木と私をつなげたいらしい」「だんだん外堀から埋められている感じ」「冤罪はこうして始まるのかな」「記憶がないことをいいように作文されている」「こういう作文こそ偽造ではないか」等々の記述があった。こうした記述も村木氏の無罪判決の一因となった。

私自身、谷脇弁護士から『被疑者ノート』を渡されて書いていたが、三カ月後に見直してみると、意外と忘れていることがあることを認識させられた。取調官から「触った証拠がある」「写

真がある」などと嘘を言われたし、供述調書への署名を拒否すると、「なぜ署名しないんだ。この件は検察や裁判官に報告する」などと脅されたことなど、忘れていた。のちの事態に備え、事実を正確に残すためにも『被疑者ノート』は重要である。

私が受けた弁護活動

最後に私の体験を通じて、刑事弁護における弁護士の活動の重要性を紹介する。

まず、私が逮捕された直後に接見してくれた足立弁護士や谷脇弁護士は、私が虚偽の自白をしないように働きかけてくれたり、婚約者や母からのメッセージを伝えることで精神的にサポートしてくれた。

谷脇弁護士や足立弁護士は「とにかく早く出さないと」と懸命になり、検事が勾留請求をした時は裁判官に面談し、私が婚約者と彼女の両親と広島に来た事情、痴漢があったとされる状況、痴漢などできる状況にないことを説明し、勾留請求を却下するように働きかけてくれた。警察や検察だけの言い分を聞いていたら、私への勾留請求を裁判官は認めたかもしれない。しかし、足立弁護士や谷脇弁護士による弁護活動の結果、逮捕されてから三日目の五月五日に私は処分保留で釈放された。

処分保留段階でも、石口弁護士と足立弁護士は、被害者として警察に届け出た高校生たちの証言

Ⅳ　えん罪を防ぐには

を検証するために、現場で再現し供述が不自然でないかどうかを実際に行動して確認したという。さらに処分保留状態が長引くと、さまざまな不利益が生じる。そこで石口弁護士、足立弁護士、谷脇弁護士は早く不起訴処分を得るために頻繁に担当検事と会い、捜査の進捗状況を把握し、不起訴処分を得る働きかけをしてくれた。

私の事件を担当した検事は常識的な判断をする人であったが、正直なところ、私も法律の専門家として、郵便不正事件（六五ページ参照）のような無茶な起訴がなされないと思っていた。そして、多くの「痴漢えん罪事件」のように、非常識な裁判所によって有罪判決が下されるかもしれないと覚悟していた。しかし谷脇弁護士、足立弁護士、そして石口弁護士の懸命な弁護活動を見ると、たとえ「えん罪」で有罪とされても精神的に救われるところがあるとも思っていた。実際には不起訴処分になったが、そう思えるほどに妻とともに私も弁護士の活動に感謝している。

刑事弁護士支援体制の強化

繰り返しになるが、えん罪被害の大きさは計り知れない。本人だけではなく、家族や関係者の人生の歯車を狂わせる、究極の人権侵害である。無実の人が犯人とされないため、さらには不幸

にして警察やメディアの違法・不当な対応のために犯人視された場合の名誉回復のためにも、弁護士の果たす役割はいくら強調されても良い。志布志事件（五九ページ参照）では、捜査機関から「あの弁護士はやめたほうがいいよ」と弁護士の解任を勧められた四人がその言葉を真に受け、弁護士を解任した。見方を変えれば、警察や検察にとってそれほど弁護士は目ざわりであり、人権擁護・えん罪防止の観点からは効果的ともいえる。

しかし残念ながら、現在の弁護士支援制度では不十分である。現在、被疑者段階で国選弁護人の選任を請求できるのは法定刑が死刑、無期、もしくは長期三年以上の懲役か禁固にあたる罪の疑いをかけられて身体の拘束がされている場合である（刑事訴訟法三六条、三六条の二）。さらには自己の保有する現金、預貯金などの資力が一定額（五〇万円）以下であることが必要であり、資力申告書を提出しなければならない（刑事訴訟法三六条の二以下）。

つまり、国選弁護人を依頼できるのは勾留されてからであり、その前の段階、被疑者にとって一番支援が必要であり、嘘の自白に追い込まれやすい逮捕直後に国選弁護人の支援を受けられない。また私の例を出すと、私は「あなたは国選弁護人を依頼できない」と留置場で警察官から言われた。国選弁護人を依頼できるのは「長期三年以上の懲役か禁固」にあたる罪の疑いをかけられた事件であり、「痴漢事件」はそうした要件を満たさないからである。

私が事件に巻き込まれた際、知人から連絡があり、「痴漢裁判は三年五〇〇万円」と言われた。

IV　えん罪を防ぐには

こうしたことを聞くと、経済的な理由から自分の無実の証明をすることをあさらめてしまう人も出る。私が留置された際に同室にいた人も、費用の関係で弁護士に依頼するかどうかを迷っているようだった。弁護士に依頼すると多額の費用がかかるという意識が一般の人には強い。資産がないために弁護人の支援が受けられず、有罪判決のベルトコンベアで運ばれる事態が生じる社会であってはならない。資産にかかわらず、適切な弁護を受けられ、えん罪被害を受けない弁護士支援制度を整えることが、日本国憲法で保障されている「弁護人依頼権」（三四条、三七条三項）の内容であるべきだ。

弁護士としても、たとえば、氷見事件（五八ページ参照）に関して、村田慎一郎弁護士が「確かに最初の弁護士がもう少し疑問を持って調べてくれていれば、その後の展開は違ったかもしれない。しかし一件数万円の国選弁護人に手弁当で一から調べろ、というのも無理なんです」と述べている（注14）ように、国選弁護人制度は十分でない。

一九九〇年に大分県からはじまり、一九九二年には全都道府県で実施されている「当番弁護士制度」は国の制度ではなく、弁護士会によるボランティア活動である。また、日弁連（日本弁護士連合会）が法テラス（日本司法支援センター）に業務委託を行なっている「刑事被疑者弁護援助制度」がある。被疑者国選をつけられないが個人的に弁護士を雇う経済的余裕のない者や国選弁護人をつけられる場合でも逮捕直後に弁護士の支援を受けられるメリットがある。しかし、こ

の制度は私選弁護人の一種であり、弁護士会が費用を負担するものである。国の制度として、弁護士による支援体制、とくに被疑者段階での弁護人支援体制のさらなる充実が必須である。

【注】
1 市川寛『検事失格』毎日新聞社、二〇一二年、二四頁
2 佐々木知子『日本の司法文化』文藝春秋、二〇〇〇年、一三九頁
3 戦前のように証拠などの関係書類が全て裁判所に提出されると、裁判が始まる前に裁判官が予断をもってしまうことが「予断排除の原則」に反すると考えられ、現在の刑事訴訟法では全ての証拠書類が裁判所に提出されなくなった。
4 裁判員制度の導入に合わせ、充実した刑事裁判、迅速な刑事裁判を実現するために刑事訴訟法の改正で「公判前整理手続」が導入された（刑事訴訟法三一六条の二第一項）。裁判員裁判の場合には「公判前整理手続」に付すことが義務となっている（裁判員法四九条）。「公判前整理手続」で被告側・検察側の主張が明示されると同時に検察の証拠も開示される。迅速な裁判がなされるという長所が期待できる半面、法的知識のない者が論点や証拠の決定をしなければ被告人に不利になる可能性もあることから、被告人に弁護士がつかない場合には「公判前整理手続」を行なうことができない（刑事訴訟法三一六条の二第一項）。
5 菅家利和・河野義行『足利事件　松本サリン事件』TOブックス、二〇〇九年、二二、五八頁

IV えん罪を防ぐには

6 裁判官は逮捕状や勾留状を出すことになっているが（刑事訴訟法一九九条、二〇五条）、そうした令状を出す担当に当たることが「令状当番」である。
7 『法と民主主義』二〇一二年一一月号（四六三号）五一頁でのある裁判官の発言
8 三井環「情報リークと冤罪のメカニズム」『冤罪 File №10』宙出版、二〇一〇年、九七頁
9 藤本敦史「一人の人間を冤罪に落とすのは、悪魔のやることだ！」『冤罪 File №3』宙出版、二〇〇八年、三六頁
10 「逃亡」「証拠隠滅」のおそれがある場合、検察官の請求や職権により裁判所は弁護士以外の者と被告人が接見するのを禁止できる（刑事訴訟法八一条）。
11 横光幸雄「引野口事件から学ぶ冤罪防止の課題」『冤罪 志布志事件 つくられる自白』〈現代人文社、二〇〇八年〉所収、五八頁
12 菅家利和『えん罪 ある日、私は犯人にされた』朝日新聞出版、二〇〇九年、一四二頁
13 馬場智巌「被害者供述の矛盾をついた弁護側主張を認めて無罪とした事例」『季刊 刑事弁護』五八号、現代人文社、二〇〇九年、五二頁
14 粟野仁雄『この人痴漢！」と言われたら 冤罪はある日突然あなたを襲う』中公新書ラクレ、二〇〇九年、一三〇頁

おわりに

二〇一一年八月二四日、不起訴になったと谷脇弁護士から連絡をもらった。お世話になり、または励ましの言葉をかけてくれた大学関係者、研究者仲間、知人や学生のみなさんには連絡をした。多くの人から「良かったね」「おめでとう」と言われることが多かった。私が逆の立場でも、たぶん同じことを言ったと思う。

確かに起訴されれば非常識な裁判で有罪とされることも少なくない。無罪になってもさらに甚大な精神的・経済的な被害を受ける。その意味ではした傾向がある。「痴漢裁判」は特にそう「不起訴処分」というのは「おめでたい」だろう。

しかし、「おめでとう」という言葉に納得できない自分がいた。これがめでたいことなのだろうか？　そもそもこうした憲法違反・刑事訴訟法違反の行為が行なわれなければ、こんな事態にはならなかったのではないか。

さらに、マスメディアが事実を確かめもしないで警察の発表だけで実名で報道しなければ、こんなことにはならなかったのではないか。

おわりに

お世話になっている先生からはドイツから連絡をいただいたが、ドイツでも私の事件に関する検索ができるという。世界中で私の事件を検索することができ、私のことを直接知らない人、これからはじめて会う人は痴漢の犯人であるかのような印象を持つだろう。いまでも名刺などを渡すとき、久しぶりの人に会うときにためらいがある。

えん罪被害は現在進行形、さらには未来形になっている。

こうした「えん罪被害」は残念なことにこの国には多く存在する。二〇〇七年五月の国連の拷問禁止委員会で氷見事件（五八ページ参照）とともに問題にされた志布志事件（五九ページ参照）だが、最近は地元でも関心が低いと聞いた。これではまた同じことが繰り返されるかもしれない。市民の無関心こそがえん罪を生み出す最大の土壌となる。えん罪の悲劇が日本で繰り返されないためにも、警察や検察、裁判所やメディアのあり方に私たち市民は絶えず目を光らせ、監視する必要があろう。

今回の件で多くの方にお世話になり、助けていただいた。まずは谷脇裕子弁護士、足立修一弁護士、石口俊一弁護士にお礼を申し上げたい。三先生の適切な弁護がなければ、今の非常識な刑事司法のあり方ではどうなっていたかわからない。

事件があった直後、私は犯罪者だと思われていると思うと、外出するのも止直いやだった。実

157

名でメディアに報道されることでえん罪被害者だけでなく、家族や人間関係が破壊される。

しかし私の場合、多くの大学関係者、学生、研究者仲間、知人から励ましの連絡をもらった。私の事件を聞いて広島まで駆けつけてくれた友人、すぐに知り合いの弁護士に連絡をして対応をしようとした仲間、署名活動などに取り組もうとしてくれた仲間、また、私を見ると寄ってきて言葉をかけてくれたり、泣き出す学生がいた。ここに名前をすべてあげることはできないが、私を支えてくれたすべてのみなさんにお礼を言いたい。

また、えん罪を実際に体験した憲法学者として、警察や検察、裁判所、そしてメディアによるえん罪問題を世に問う必要があると思っていたとき、高文研からお話をいただいた。同社代表の飯塚直さん、編集者の真鍋かおるさん、小林彩さんにもお礼を言いたい。

そして最後になるが、妻や家族には心配をかけたことをわびるとともに、つらい状況の中で支え、助けてくれたことに感謝したい。

二〇一二年八月六日　広島にて

飯島滋明

被疑者ノートの記載例1

※記載された氏名は、いずれも仮名です

| 取調日 | 平成**23**年**11**月**25**日（**金**） | 天候 | □晴 ☑曇 □雨 □その他（　　） |

時間		場所	
第1回	**9**時**00**分 ～ **12**時**00**分	凸崎	☑警察署 □検察庁 □拘置所
第2回	**13**時**00**分 ～ **18**時**00**分	凸崎	☑警察署 □検察庁 □拘置所
第3回	時　分 ～ 　時　分		□警察署 □検察庁 □拘置所

| 取調官の氏名 | 甲野 | 乙山 |

取調べられた事項

□身上関係（生まれてからの身の上） □動機（事件を起こした理由） ☑犯行状況（どのような状況・態様で犯行を行ったのか） □共犯関係（共犯者との関係） □現場引き当たり □犯行再現 □その他（　　）

具体的にどのようなことを取り調べられたか

僕がどんなふうにジーンズを手に取ったのか、ジーンズを手に取ったときにどういう気持ちだったか、ジーンズを腕に貊めて手に取ってから店員に呼び止められるまでどれくらいの距離を歩いていたのか聞かれた。また、呼び止めた店員と言い合いになった経緯やその後殴った理由などを聞かれた。友達についてもいろいろ聞かれた。ジーンズを手に取る前に友達と何を話していたのか、ジーンズの話題が出ていたのではないかなど。

> 取調官と一緒に車で犯行現場などを訪れ、写真撮影などをすることがあります。この場合には、ここにチェックを入れて、どのような取調べが行われたのかを記入してください。

> 警察署の中の剣道場や柔道場で、犯行の態様を再現して、写真撮影を行うことがあります。この場合には、ここにチェックを入れて、どのような取調べが行われたのかを記入してください。

取調官はどのような点に関心を示していたか

僕がジーンズを盗むつもりだったと言わせたいみたい。「お店の前から20メートルも離れたところで捕まえたと店員は言っている」と言われた。また、捕まりたくないから殴ったのだろうと何度も言われた。一緒にいた友達の身元を明かせと何度も聞いてくる。

取調方法

黙秘権は告知されたか	□なし ☑あり	※ あなたには黙秘権が保障されていますので、取調官から供述を迫られても、「黙秘します」と言って供述を拒否できます。憲法38条1項：「何人も、自己に不利益な供述を強要されない。」
録画が行われたか	□あり	どのような場面が録画されたか	□その日の取調べの全部 □その日の取調べの一部	※ 取調べが録画されることがあります。
殴られたり、蹴られることなどはあったか（暴行）	□あり	具体的な内容	
脅されたり（脅迫）、侮辱されたりしたことはあったか	☑あり	具体的な内容	乙山刑事が、机をバンバン叩きながら、大声で「本当のことを話さないと会社にいられなくなるぞ」と何度もせまってくる。
自白した方が得になると言われたことはあったか（利益誘導）	□あり	具体的な内容	

> 違法な取調べです。けっして負けないでください。

取調官の態度

取調官	乙山	甲野
態度	☑怒鳴るなど強圧的 □冷静 □その他（　　）	□怒鳴るなど強圧的 □冷静 ☑その他（**やさしい**）
印象に残った取調官の態度・言葉	「盗もうとしておきながら、白々しいウソをつくな。このままだと大変なことになるぞ。会社もクビになってしまうぞ。」	「言い分をそのまま認めるわけにいかない。一緒にいた友達からも話を聞いてみたい。」

おわりに──あなた自身の心の持ち方が重要です

　以上，取調べにのぞむためにあたっての心がまえ，そしてあなたの権利を説明しました。あなたには，黙秘権があります（上記第3の2）。署名押印拒否権があります（上記第3の4）。増減変更申立権もあります（上記第3の6）。

　でも，あなたがこれらの権利を知っていたとしても，その権利行使は簡単ではありません。取調べの間，ずっと黙秘を続けることは，普通はできません。供述調書にサインすることを取調官から強く迫られている中で，署名押印を拒否し続けるのは，並大抵のことではできません。調書の内容を修正してほしいと頼んでみても，どうでもいいところは応じてくれるでしょうが，とても大事なところになると，そう簡単には応じてくれません。あなたが取調官の言うことを聞かなければ，いろいろなことを言われたり，様々な圧力を加えられることもあります。このような取調べを，1日に何時間も，しかも23日間にわたって受けなければならないのです。これに対し，弁護人があなたと会えるのは，重大な事件でも，多くて1日1回，1日1時間程度です。あなたに弁護人がついていても，弁護人が取調べに立ち会うことが認められない現状では，あなたがあなた自身の権利を行使することは本当に難しいのです。

　上記のアドバイスは，1度読めば終わりではありません。繰り返し読んでください。ある被疑者の方は，毎朝，自分が書きこんだ部分も含めて「被疑者ノート」を一読してから取調べにのぞんでいました。そんなしっかりした人でも，自らの言い分をなかなか調書に記載してもらえず，1日の取調べが終わると，ぐったりと疲れ果てていました。

　取調べの全過程が録画（取調べの可視化）されれば，問題のある取調べは行われにくくなるでしょう。もし行われたとしても，後から簡単に調べることができます。しかし，現在のところ，弁護人が取調べの可視化を申し入れても，捜査機関はなかなかこれを実施しようとしません（一部録画は『取調べの可視化』とは全く異なるものです。）。そのため，あなた自身が，権利行使の難しさを十分に自覚した上で，自らの権利を的確に行使し，取調べに打ち勝っていくしかありません。

　もちろん，弁護人があなたの支えになりますが，あなた自身の心の持ち方が何よりも重要です。

2 警察に対する苦情申出

「被疑者取調べ適正化のための監督に関する規則」という規則が定められています。この規則は、不適正な取調べにつながるおそれがある「監督対象行為」を次の①から⑦のとおり定めています。その上で、取調べ監督官がこれを認めたときは、取調べの中止等を求めることができる、と定めています。また、警察職員は、取調べについての苦情の申出を受けたときは、速やかに取調べ監督官にこのことを通知しなければならず、「監督対象行為」が行われたと疑うに足りる相当の事由があるときは、警察本部長は、取調べ調査官を指名して、「監督対象行為」があったかどうかを調査させなければならない、と定めています。

① やむを得ない場合を除き、身体に接触すること
② 直接又は間接に有形力を行使すること（①に掲げるものを除く。）
③ 殊更に不安を覚えさせ、又は困惑させるような言動をすること
④ 一定の姿勢又は動作をとるよう不当に要求すること
⑤ 便宜を供与し、又は供与することを申し出、若しくは約束すること
⑥ 人の尊厳を著しく害するような言動をすること
⑦ 次のいずれかの場合において、警視総監、都道府県警察本部長若しくは方面本部長又は警察署長の事前の承認を受けないこと

　ア　午後10時から翌日の午前5時までの間に被疑者取調べを行うとき
　イ　一日につき8時間を超えて被疑者取調べを行うとき

ここに挙げられている行為以外にも、苦情を申し入れることはできます。弁護人に相談してください。

3 検察に対する苦情申入れ

最高検察庁も、検察官の取調べに関し、「取調べに関する不満等の把握とこれに対する対応について」という通達を公表し、被疑者・弁護人から検察官による被疑者の取調べに関して申入れがなされたときには対応することを定めています。

べの日付と同じとは限りません。）を正しく記入してください。一度「記入した日」を書いた後は、そのページには何も書き加えないようにしましょう。後から内容を変えたと思われないためです。

もし、後から「思い出したこと」があった場合には、思い出した日に記入するページに、例えば「○月○日の取調べで××ということがあったのを思い出した。」と書くようしてください。

第6 「被疑者ノート」の使い方

1 接見室に持ってきてください

接見のときには、「被疑者ノート」を接見室まで持ってきて、弁護人に見せながら、取調べ状況を説明してください。

2 後日返却してください

「被疑者ノート」は、弁護人が弁護活動に役立てるために記録をお願いするものですので、後日、弁護人に返却してください。

第7 違法・不当な取調べを受けたとき

1 違法・不当な取調べを受けたら

もし仮にあなたが違法・不当な取調べを受けることがあったときには、すぐに弁護人を呼んで、話してください。弁護人はあなたの味方として、あなたの権利を守るために活動しています。弁護人に相談すれば、警察官や検察官に抗議をするなど、最大限あなたの法的権利を守る活動をします。

下記のように苦情を申し出る制度もあります。

あわせて、「被疑者ノート」にも、実際に受けた取調べの内容を具体的に、かつありのままに記入してください。

この「被疑者ノート」に取調べ状況を書くことは、厳しい取調べの中でがんばり抜くための心の支えにもなります。

第5　「被疑者ノート」の書き方

1　筆記用具は購入又は借りることができます

　筆記用具は、購入することもできるし、借りることもできます（鉛筆は使わないでください。ボールペンを使いましょう。）。

2　項目にこだわる必要はありません

　この「被疑者ノート」には、後の公判に備えて記録に残してほしい内容が、あらかじめ整理されています。アンケートに答えるような気持ちで、ありのままを記入してください。書き方については、16頁から21頁までの記載例を参考にしてください。

　分からないときには、弁護人に尋ねてください。どの項目に何を書けばいいのか分からなくても、気にする必要はありません。項目にこだわる必要はありませんので、空いているところに、日々の取調べの状況を記入してください。

3　実際に受けた取調べの内容をありのままに書いてください

　「被疑者ノート」には、あなたが受けた取調べの内容をありのままに書いてください。決して大げさには書かないようにしてください。

4　記憶が鮮明なうちに書いてください

　取調べの後はとても疲れていると思いますが、記憶が鮮明なうちに、なるべく早く記入してください。その日に書けなくても、できれば翌日には書くようにしてください。

5　ページごとに「記入した日」の日付を正しく記入して署名してください

　「被疑者ノート」は、見開き2ページで、「1日分の取調べ」を記入するようになっています。「1日分の取調べ」のことを書き終えたら、右下欄外の日付に、実際に「記入した日」（取調

勾留延長	**10日目** ／ （ ） □取調べなし □取調べあり（　　　　　） □接見　弁護士（　　　　　） 　　：　～　： □面会　相手（　　　　　） 　　：　～　： □差入れ　差入人（　　　　　） 　　　　　差入物（　　　　　）	**1日目** ／ （ ） □取調べなし □取調べあり（　　　　　） □接見　弁護士（　　　　　） 　　：　～　： □面会　相手（　　　　　） 　　：　～　： □差入れ　差入人（　　　　　） 　　　　　差入物（　　　　　）

2日目 ／ （ ）	**3日目** ／ （ ）	**4日目** ／ （ ）
□取調べなし □取調べあり（　　　） □接見　弁護士（　　　） 　：　～　： □面会　相手（　　　） 　：　～　： □差入れ　差入人（　　） 　　　　　差入物（　　）	□取調べなし □取調べあり（　　　） □接見　弁護士（　　　） 　：　～　： □面会　相手（　　　） 　：　～　： □差入れ　差入人（　　） 　　　　　差入物（　　）	□取調べなし □取調べあり（　　　） □接見　弁護士（　　　） 　：　～　： □面会　相手（　　　） 　：　～　： □差入れ　差入人（　　） 　　　　　差入物（　　）

5日目 ／ （ ）	**6日目** ／ （ ）	**7日目** ／ （ ）
□取調べなし □取調べあり（　　　） □接見　弁護士（　　　） 　：　～　： □面会　相手（　　　） 　：　～　： □差入れ　差入人（　　） 　　　　　差入物（　　）	□取調べなし □取調べあり（　　　） □接見　弁護士（　　　） 　：　～　： □面会　相手（　　　） 　：　～　： □差入れ　差入人（　　） 　　　　　差入物（　　）	□取調べなし □取調べあり（　　　） □接見　弁護士（　　　） 　：　～　： □面会　相手（　　　） 　：　～　： □差入れ　差入人（　　） 　　　　　差入物（　　）

8日目 ／ （ ）	**9日目** ／ （ ）	**10日目** ／ （ ）
□取調べなし □取調べあり（　　　） □接見　弁護士（　　　） 　：　～　： □面会　相手（　　　） 　：　～　： □差入れ　差入人（　　） 　　　　　差入物（　　）	□取調べなし □取調べあり（　　　） □接見　弁護士（　　　） 　：　～　： □面会　相手（　　　） 　：　～　： □差入れ　差入人（　　） 　　　　　差入物（　　）	□取調べなし □取調べあり（　　　） □接見　弁護士（　　　） 　：　～　： □面会　相手（　　　） 　：　～　： □差入れ　差入人（　　） 　　　　　差入物（　　）

→ **釈放（不起訴・処分保留）**
※余罪がある場合には、再逮捕されるおそれがあります。

検察官は、裁判官が認めた勾留期間が終わるまでに、あなたを裁判にかけるかどうかを決めます。
不起訴（裁判にはかけない）になると、釈放されます。

起訴
→ **釈放（略式命令）**

犯した罪が比較的軽く、100万円以下の罰金刑が相当であるときは、あなたの同意により書面だけで裁判が行われることがあります（略式命令）。この場合は、略式命令と同時に釈放されます。

→ **保釈**

裁判
→ **釈放（無罪・執行猶予）**

勾留中に起訴されると、裁判の間、仮に釈放する場合があります（保釈）。
保釈を認めるかどうかは、裁判所（裁判官）が決めることです。いくつかの要件があり、保釈保証金（逃亡したりせず、裁判に出ることを約束して、裁判所に預けておくお金）を預けなくてはなりません。

実刑

身体拘束と刑事手続の流れ

あなたが身体の拘束を受けてからの刑事手続の流れを説明しますので、下の説明文を参考にしてください。
また、下の表に、あなたの接見状況などを書くための空欄がありますので、記入してください。

> 逮捕されてから、最大72時間、身体を拘束されます。この間に、検察官が、あなたの拘束を続けるよう裁判官に請求（勾留請求）するかどうかを決めます。勾留請求があると、裁判官が、あなたの言い分を聞いたうえで（勾留質問）、引き続き身体を拘束するかどうかを決めます。勾留が認められなければ、釈放されます。

逮捕

1日目　／　（　）	2日目　／　（　）	3日目　／　（　）
□取調べなし □取調べあり（　　） □接見　弁護士（　　） 　　　～　： □面会　相手（　　） 　　　～　： □差入れ　差入人（　　） 　　　差入物	□取調べなし □取調べあり（　　） □接見　弁護士（　　） 　　　～　： □面会　相手（　　） 　　　～　： □差入れ　差入人（　　） 　　　差入物	□取調べなし □取調べあり（　　） □接見　弁護士（　　） 　　　～　： □面会　相手（　　） 　　　～　： □差入れ　差入人（　　） 　　　差入物

→ **釈放**

> 勾留は、原則として10日ですが、裁判官がやむを得ない事由があると判断したときには、さらに10日以内の延長（勾留延長）が認められることになっています（最大20日間勾留されることがあります。）。

勾留

1日目　／　（　）	2日目　／　（　）	3日目　／　（　）
□取調べなし □取調べあり（　　） □接見　弁護士（　　） 　　　～　： □面会　相手（　　） 　　　～　： □差入れ　差入人（　　） 　　　差入物	□取調べなし □取調べあり（　　） □接見　弁護士（　　） 　　　～　： □面会　相手（　　） 　　　～　： □差入れ　差入人（　　） 　　　差入物	□取調べなし □取調べあり（　　） □接見　弁護士（　　） 　　　～　： □面会　相手（　　） 　　　～　： □差入れ　差入人（　　） 　　　差入物

4日目　／　（　）	5日目　／　（　）	6日目　／　（　）
□取調べなし □取調べあり（　　） □接見　弁護士（　　） 　　　～　： □面会　相手（　　） 　　　～　： □差入れ　差入人（　　） 　　　差入物	□取調べなし □取調べあり（　　） □接見　弁護士（　　） 　　　～　： □面会　相手（　　） 　　　～　： □差入れ　差入人（　　） 　　　差入物	□取調べなし □取調べあり（　　） □接見　弁護士（　　） 　　　～　： □面会　相手（　　） 　　　～　： □差入れ　差入人（　　） 　　　差入物

7日目　／　（　）	8日目　／　（　）	9日目　／　（　）
□取調べなし □取調べあり（　　） □接見　弁護士（　　） 　　　～　： □面会　相手（　　） 　　　～　： □差入れ　差入人（　　） 　　　差入物（　　）	□取調べなし □取調べあり（　　） □接見　弁護士（　　） 　　　～　： □面会　相手（　　） 　　　～　： □差入れ　差入人（　　） 　　　差入物（　　）	□取調べなし □取調べあり（　　） □接見　弁護士（　　） 　　　～　： □面会　相手（　　） 　　　～　： □差入れ　差入人（　　） 　　　差入物（　　）

【資料編】「被疑者ノート」（抜粋、日本弁護士連合会発行）
※ http://www.nichibenren.or.jp/library/ja/legal_aid/on-duty_lawyer/data/higishanote_000.pdf からダウンロードできる。

_____ 様

被疑者ノート
取調べの記録

(　　年　　月　　日から　　　　年　　月　　日まで)

　　　　　　　　　　年　　月　　日

　　　　　　　弁護士 _____

このノートに，あなたが受けた取調べの様子を記録して，後日，"私"に返してください。

警察・検察の方へ

　このノートは，弁護人が，接見の際に見ながら取調べ状況の説明を受けるとともに，後日返却を受け，弁護活動に役立てることを予定して，被疑者に差し入れ，記録を要請するものですので，その記録内容については，憲法に由来する秘密交通権の保障を受けます。

第4版（2012年2月版）
JFBA 日本弁護士連合会

北陵クリニック筋弛緩剤事件

2001年1月、准看護師が点滴に筋弛緩剤を混入して殺人を企てたとして逮捕、起訴された。2004年3月、仙台地裁で無期懲役の判決が下され、2006年に仙台高裁で控訴棄却、2008年2月に上告が棄却されて無期懲役が確定した。

この事件でも、筋弛緩剤が投与されたとされるのに、亡くなった人のまぶたが動いていたり、体が動いているなど、筋弛緩剤の投与では説明できない事実がある。現在、この准看護師は無罪を訴え、再審請求を続けている。

高知白バイ衝突死事件

2006年3月3日午後2時半ころ、高知県高知市の国道56号線で、白バイとスクールバスが衝突し、白バイを運転していた巡査長が死亡した。バスを運転していた片岡晴彦さんは現行犯逮捕された。片岡さんは3日間の取調べの後に釈放された。しかし12月、業務上過失致死罪で在宅起訴された。現場には片岡さんが急ブレーキをかけて白バイを引きずった「ブレーキ痕」があるとされた。

裁判で検察側は、対向車線を走っていた別の白バイの目撃証言から、バスは時速5〜10キロぐらいで走っており、白バイは時速60キロ程度で走行していたと主張した。一方、たとえばブレーキ痕について、弁護側は警察が同僚をかばうためにねつ造したと主張した。

しかし2007年6月、高知地裁は片岡さんに禁固1年4カ月の実刑判決を言い渡した。控訴審ではバスに乗っていた生徒や交通鑑定人の証人申請を求めたが、高松高裁は却下し、片岡さんの本人尋問も行わずに即日結審して控訴を棄却した。上告も棄却され、2008年10月から片岡さんは収監された。

この事件では、別の車に乗っていてバスの真後ろから事故を目撃した中学校長や、バスに乗っていた引率の教員3人や22人の生徒もバスが停止しているところに白バイが突っ込んできたこと、白バイは100キロくらいで走行していたと証言している。しかし検察は起訴し、裁判所も有罪とした。

東住吉放火事件

　1995年7月、青木恵子さんの自宅が燃え、青木さんの長女が亡くなった。警察は保険金殺人だとして青木恵子さんと内縁の夫だった朴龍皓さんを逮捕、起訴した。第一審、第二審、そして2006年11月に最高裁で無期懲役が確定した。「ガソリンを7リットルまき、ターボライターで火をつけた」という朴さんの自白が根拠となった。

　ところが自白のようにまかれたガソリンにライターで火をつける実験を弁護団が行なったところ、たちまち炎に包まれ、無傷ということはあり得ない。こうした実験の結果、自白は不自然だとされ、2012年3月に再審が決定された。

東電OL殺人事件

　1997年3月19日、東京都渋谷区のアパートの空き部屋で東京電力の女性社員が絞殺された。この事件でネパール国籍のゴビンダ氏が強盗殺人で逮捕・起訴された。2000年4月、東京地方裁判所は無罪判決を下した。しかし2000年12月、東京高等裁判所はゴビンダさんに無期懲役の有罪判決を下した。2003年11月、最高裁判所でも上告が棄却され、確定した。

　しかしゴビンダ氏は捜査段階から容疑を否認し続け、2005年3月に東京高裁に再審を請求した。2011年9月、検察が開示した証拠から、被害者の胸から第三者の唾液が検出されていたことが逮捕前にわかっていたのに検察が隠していたことが明らかになった。2012年6月、再審開始の決定がなされ、ゴビンダさんは15年ぶりに釈放、病気の母が待つネパールに帰国した。

和歌山毒カレー事件

　1998年7月25日、和歌山市園部の自治会の夏祭りで、民家のガレージで調理されたカレーの鍋にヒ素が入れられた。このカレーを食べた4人が死亡し、63人が急性砒素中毒になった。事件から約1カ月後、林眞須美・健治夫妻が保険金詐欺容疑で逮捕された。さらに12月には林眞須美さんがカレー鍋にヒ素を入れて大量殺人をしたとして逮捕・起訴された。眞須美さんが犯罪を犯したことを証明する直接証拠は何もなかった。しかし2002年、第1審で林眞須美さんに死刑判決が下された。2005年に第2審でも死刑判決が維持された。そして2009年5月、最高裁で死刑判決が確定した。

　この事件の有罪の根拠は何か。自白したわけでもなく、直接証拠もない。状況証拠だけで死刑判決が確定している。ちなみに「あれだって、本当はだれがやったかわからないんですよ」と現職検事である國井弘樹検事は「郵便不正事件」のえん罪被害者、村木厚子さんに発言したという（村木厚子「私は泣かない、屈さない」〈『文藝春秋』2010年10月号所収、101頁〉）。

この事件もおかしな点がたくさんある。一家4人を50カ所以上を刺したら、当然返り血をたくさん浴びる。しかし当初は犯行着衣とされたパジャマにはほとんど血がついていなかった。犯行から1年2カ月後、工場内の醸造用味噌タンクの味噌の中から5点の衣類が発見され、その衣類が犯行着衣だと検察は主張を変えた。ところがその着衣、例えばズボンは小さくて袴田さんははけなかった。新たに犯行着衣とされたブリーフにはB型の血痕があるが、ズボンやステテコにはB型の血液は見られない。パンツからは血痕が出るがズボンやステテコからは血痕が出ないなど、あり得るだろうか？　2012年4月、犯行着衣とされた半そでシャツに付着した血痕のDNA型と袴田さんのDNA型が不一致との鑑定結果が静岡地裁に提出された。

福井女子中学生殺人事件

　1981年3月、福井県で女子中学生が殺害された。事件から9カ月後の1986年12月、覚せい剤や窃盗容疑で逮捕・勾留中の暴力団員が「事件の夜、顔や服に血の付いた前川を後輩の男が車に乗せてきた」と供述した。その暴力団員の供述に基づき、さまざまな人が犯人蔵匿容疑で逮捕されたり事情聴取を受けた。そして前川彰司さんが逮捕、起訴された。福井地裁はその暴力団員や目撃者とされる証言に変遷や食い違いがあることから、1990年9月に無罪判決を下した。しかし1995年2月、控訴審判決では懲役7年の有罪判決が言い渡され、1997年11月に最高裁で確定した。前川さんは再審請求をしていたが、2011年11月、名古屋高裁金沢支部は確定判決の根拠となった元暴力団員の供述を「信用性が極めて低い」と指摘し、「再審開始」の決定をした。

飯塚事件

　1992年2月、福岡県で女児2人が行方不明になり、翌日死体が発見された。決定的な証拠はないがDNA鑑定が決め手となり、久間三千年さんが逮捕、起訴された。第1審と控訴審は、DNA型鑑定の証明力は十分でないとしながら、犯行を否認して反省の色もなく、残虐非道であり、かつ被害者遺族の厳罰感情が著しいとして死刑判決を下した。最高裁判所も上告を棄却した。2008年10月、久間さんの死刑が執行された。

　久間さんは一貫して無罪を訴え、再審の準備をしている最中だった。この事件で有罪の決め手とされたDNA鑑定は足利事件で実施されたものと同じものであり、精度の高いものではなかった。かりに足利事件と同じように、最新のDNA型再鑑定によって犯人でなかったことが明らかになれば、国家による殺人に他ならない。

裁判で無罪が確定していないえん罪

名張毒ぶどう酒事件

　1961年3月、三重県名張市葛尾の公民館での懇談会で、ぶどう酒を飲んだ女性5人が死亡した。現場に残ったぶどう酒から有機リン化合物が検出された。公民館にぶどう酒を運び、妻と愛人の双方をなくした奥西勝さんが逮捕、起訴された。奥西さんは連日ジープに連行されて長時間の取調べ、自宅に警察が泊まり込み排便の際にも監視されるなどの状況で、「妻と愛人を殺害するために自宅から用意した農薬のニッカリンTをぶどう酒に入れた」と自白させられ、殺人罪で起訴された。1964年12月の第一審では供述や証拠に矛盾があるとして無罪とされたが、1969年9月に名古屋高裁で死刑判決が出され、1972年12月に最高裁で確定した。

　この事件も矛盾が多い。勝さんはぶどう酒の王冠を歯で噛んで開けたと自白した。ところが歯型が全く一致しないという新しい鑑定（土生鑑定）が出された。また、自白では白ワインに混入したとされる農薬が赤い液体だったこと、奥西さんが所有しており、ぶどう酒に混入したと自白させられたニッカリンTとワインに残された成分が矛盾する。

狭山事件

　1963年5月、埼玉県狭山市の16歳の女子高生が行方不明になった。その日の夜、20万円を要求する脅迫状が届けられた。後日、犯人が受け渡し場所に現れるが、警察は犯人を取り逃がすという失態を犯した。翌日、入間川の農道で女子高生の死体が発見された。被差別部落出身の石川一雄さん（24歳）が逮捕、起訴された。一審では死刑判決、控訴審では無期懲役、そして1977年8月に無期懲役が確定した。ところが石川さんはえん罪を主張し、再審請求を続けている。

　裁判所は石川さんが犯人である証拠として脅迫状の筆跡を挙げている。ところが当時の石川さんは教養程度が低く、漢字などを書けないことは裁判所も認めている。第3次再審請求では半沢英一金沢大学助教授は脅迫文の筆跡と石川さんの筆跡が違うとしている。犯行に使ったとされる万年筆は2回も家宅捜索したのに見つからなかったが、3回目の家宅捜索で、誰でも分かる場所から見つかった。これも警察によるでっち上げとの疑念がある。唯一の証拠である脅迫状やその封筒、さらには被害者の遺留品とされる万年筆、腕時計、鞄からも石川さんの指紋は検出されなかった。

袴田事件

　1966年6月に静岡県で起きた放火殺人事件で、袴田巌さんが逮捕・起訴された。一審で死刑判決が下され、1980年11月に最高裁で死刑が確定する。袴田さんは無実を訴え、再審請求をつづけている。

善良な妊婦を犯罪者に仕立てようとした警察は十分に謝罪すべきであったのに、不誠実な対応をした大阪府警を許せなかった妊婦は 1988 年 5 月、大阪府警に対して国家賠償請求を起こした。1988 年 7 月、裁判開始後数十秒で大阪府警は全面的に非を認め、200 万円の賠償を承諾した。

松本サリン事件

この事件は「逮捕」「起訴」がなされたわけではないが、メディアで大々的に取り上げられたえん罪事件なので紹介したい。1994 年 6 月に起こった松本サリン事件で河野義行さんは警察から犯人と疑われ、事情聴取を受けた。メディアも河野さんが犯人であるかのような報道をした。しかし 1995 年 3 月に「地下鉄サリン事件」が起こり、松本サリン事件もオウム真理教の犯行とされるにおよび、河野さんへの疑いが晴れた。

宇和島窃盗事件

1999 年 2 月、女性宅から通帳や印鑑が盗まれた。ある男性が逮捕後、数時間で自白したために起訴された。しかし 2000 年 1 月、高知県で強盗傷害容疑で逮捕された男が「宇和島の窃盗は自分がやった」と自白した。5 月、誤って逮捕・起訴された男性に無罪判決が言い渡された。無罪判決が出る直前、えん罪被害を受けた男性の父親は他界していた。

宇都宮市知的障がい者えん罪事件

2004 年 4 月と 5 月、宇都宮市で強盗事件があった。この事件の犯人として、50 代男性が逮捕、起訴された。男性は捜査段階では犯行を自白していた。しかし公判中、真犯人が逮捕されたため、検察は論告で無罪を求刑、2005 年 3 月に無罪判決が下された。その後、男性は国と栃木県に対して国家賠償請求訴訟を起こした。2008 年 2 月、宇都宮地裁は国と県に対して 100 万円の慰謝料を支払うよう命じた。

看護師爪ケアえん罪事件

2007 年 6 月 病院は看護師が患者の爪をはいでいるとの記者会見を行なった。そしてその看護師は 7 月 2 日に逮捕され、7 月 23 日に傷害罪で起訴された。事実関係を調査した日本看護協会は 2007 年 10 月、「虐待ではなく看護ケア」との見解を発表した。ところが検察は同月、看護師を別の患者への傷害罪でさらに起訴した。2009 年 3 月、福岡地裁小倉支部は看護師に懲役 6 カ月、執行猶予 3 年の有罪判決を下したが、2010 年 9 月 16 日、福岡高裁では無罪判決が下された。検察は上告をしなかった。裁判所は「看護師としての爪ケアと説明したのに、捜査機関が耳を傾けなかった」と批判し、「勤務先からは懲戒解雇処分を受け、報道で大きく取り上げられるなど、多大な精神的苦痛も被った」と述べた。

に山田さんは起訴された。

　1985年10月、神戸地方裁判所は無罪を言い渡すが、1990年3月、大阪高等裁判所は無罪判決を破棄、地裁に差し戻した。この判決に山田さん側は上告、1992年4月に上告が棄却され、再び神戸地裁へ差し戻された。1998年3月、神戸地裁で再び無罪判決が下されたが検察は控訴した。1999年10月、大阪高裁は検察の控訴を棄却し、無罪判決が下された。検察が最高裁への上告を断念したために無罪が確定した。

堀川事件

　1975年5月、タクシー運転手が警察官に免許証の提示を求められたが、すぐに提示しなかった。そのことなどに腹を立てた警察官が「道路交通法」「公務執行妨害」、そして警察官にけがを負わせたとして「傷害罪」で逮捕し、起訴された事件である。

　1976年3月の第一審では、被告人が警察官に暴力をふるうのを見たという目撃者が現れて有罪となった。しかし、証言したのは警察官の高校の同級生であり、事件があったとされた時間に事件現場にはおらず、暴力行為を目撃したという証言がでっち上げであることが明らかになった。異例なことに、でっち上げが明らかになった当日、裁判所は無罪判決を下した。検察も控訴しなかった。その後、事件や証人をでっち上げたとして「国家賠償請求訴訟」も起こされた。警察官の代理人もでっち上げを認め、都や警察官本人、警察官の依頼によって偽証をした警察官の友人に193万円の賠償が命じられた。

大分みどり荘事件

　1981年6月、大分市内のアパートで女子短大生が殺された。隣に住む当時25歳の興掛良一さんが逮捕・起訴された。第一審では警察が「指紋が部屋から検出された」などと嘘をついて自白させたことが明らかになったが、1989年3月の第一審裁判所では無期懲役刑が言い渡された。しかし1995年6月、福岡高等裁判所は真犯人が別にいることまで示唆した完全無罪を言い渡した（第二審確定）。現場に残された犯人の遺留品は直毛なのに興掛さんは当時パンチパーマだったなど、犯人でない証拠が多く存在したのに逮捕・起訴された。無罪判決が出た段階では時効が成立するまで1年あったが、大分県警は再捜査を一切行なわなかった。

警察官ネコババ事件

　1988年2月、拾得物である15万円を着服した警察官をかばうため、大阪府警は15万円を届け出た妊婦を犯人に仕立て上げ、証人や証拠をでっち上げ、自白を迫まった。しかし3月に読売新聞でいきさつが報じられると警察への世論が厳しくなった。3月25日深夜、大阪府警警察本部で記者会見が行われ、拾得物の受理手続をしなかった警察官を懲戒免職にし、業務上横領で書類送検すると発表された。

年5月に第二審で懲役15年の有罪判決、最高裁で1953年2月に確定した。
　しかし1971年、真犯人が名乗り出たことで那須さんは再審を請求した。1976年7月に再審が開始され、1977年2月に無罪が確定した。那須隆さんの犯行の証拠とされた白シャツについた血痕は警察によるねつ造の可能性があると裁判所は指摘した。

松川事件

　1949年8月、福島県内で東北線が脱線転覆して3人が死亡した。捜査当局は、大量人員整理に反対する国労や東芝労組の組合員と共産党の共同謀議による計画的犯行だとして労働組合員20人を逮捕・起訴した。1950年12月、福島地方裁判所は5人に死刑、5人に無期懲役、その他の被告人も全員有罪とした。1953年12月、仙台高裁でも4人に死刑、2人に無期懲役判決が下された。
　ところが被告人らが労使交渉の場に出席していたアリバイを証明するメモ（いわゆる「諏訪メモ」）を検察が隠していたことが裁判の途中で明らかになった。1959年8月、最高裁判所は高裁判決を破棄、仙台高等裁判所に差し戻した。1961年8月の仙台高裁の差戻審で全員に無罪判決が言い渡され、1963年9月に最高裁も全員を無罪とした。なお、仙台高裁の差戻審で、検察は犯行に使われたとされる「スパナ」を提出し、先に提出したスパナは間違いだったと主張した。つまり今まで提出された「スパナ」はでっち上げた「スパナ」であることが明らかになった。

徳島ラジオ商殺し事件

　日本弁護士連合会が再審事件として取り組んだ最初の事件である。1953年11月、徳島県のラジオ商が自宅で殺された。警察は犯人外部説だったが、徳島地検は翌年の8月、住み込みの2人の店員の証言をもとに内妻の冨士茂子さんを逮捕、起訴した。1956年4月、徳島地方裁判所で懲役13年の判決が下された。1957年12月、高松高等裁判所も控訴を棄却した。その後茂子さんは上告したが、裁判費用が続かないという理由で1958年10月に上告を取り下げ、懲役13年が確定して服役した。当時9歳で殺害現場に居合わせた茂子さんの娘が「知らない男が入ってきて父を刺す現場を見た」と証言したが、裁判所は相手にしなかった。
　茂子さんは1979年11月に死亡したが、姉弟が再審請求を引き継ぎ、1980年12月に徳島地裁が再審を決定した。日本で初めて被告死亡のまま再審請求が始まった。1985年7月、徳島地裁が再審無罪判決を下した。

甲山事件

　1974年3月、神戸市の知的障がい者施設「甲山学園」の園児2人が死亡する事故があった。4月に保育士の山田悦子さんが逮捕されたが、検察は嫌疑不十分で不起訴処分にした。ところが遺族が検察審査会に不服を申し立て、検察審査会は「不起訴不当」の議決を行なった。そこで警察が再び捜査を行ない、1978年4月

【資料編】日本国憲法下における主なえん罪事件

裁判でえん罪が確定した事件

免田事件

「四大死刑再審無罪事件」の一つであり、1948年12月に起きた強盗殺人事件で免田栄さんが逮捕、起訴された。1952年1月、最高裁判所で免田さんの死刑が確定した。しかし1983年7月、再審で無罪判決が言い渡された。免田さんには事件当日のアリバイがあったのに、拷問で虚偽の自白をさせられた。検察は凶器とされた「なた」や犯行着衣とされたズボンなどを廃棄したと主張した。

財田川事件

「四大死刑再審無罪事件」の一つであり、1950年2月に香川県で起きた殺人事件で谷口繁義さんが逮捕、起訴された。1957年1月、最高裁判所で死刑が確定した。ところが1984年3月に再審で無罪判決が確定した。現場に残された足跡が谷口さんのものとは一致しなかった。また、強盗で得たとされるお金に関して、手錠をかけられ、両脇を警官に挟まれた状態で警察署まで車で護送される際にポケットから100円札80枚を道路に捨てたとする自白など、自白の内容も不自然なものが多かった。

松山事件

「四大死刑再審無罪事件」の一つであり、1955年10月に宮城県で起きた殺人放火事件で斎藤幸夫さんが逮捕、起訴された。1960年11月、最高裁判所で死刑が確定した。しかし1984年7月、仙台地裁で再審無罪判決が下された。証拠とされた斎藤幸夫さんの掛け布団の血痕は警察のねつ造と裁判所は批判した。

島田事件

「四大死刑再審無罪事件」の一つであり、1954年3月に静岡県島田市で起きた少女殺人事件である。5月に精神病者、知的障がい者の赤堀政夫さんが逮捕、起訴され、1960年12月に最高裁判所で死刑判決が確定した。しかし1989年7月、再審の静岡地裁が無罪判決を出し、検察は控訴しなかった。この事件では警察の取調べで3人が犯行を自白させられている。犯人とされる人物の目撃証言と赤堀政夫さんの人相は異なっているのに、そうした事情も警察は無視した。

弘前大学教授夫人殺人事件

戦後日本の再審開始第一号事件として、また、えん罪被害者である那須隆さんは有名な「那須与一」の子孫であることでも注目を浴びた事件である。1949年8月6日、弘前大学教授夫人が殺害された。犯人として那須隆さん（当時25歳）が逮捕、起訴された。第一審では無罪判決が出されるが、1952

飯島 滋明（いいじま・しげあき）
1969年、東京生まれ。2007年3月、早稲田大学大学院法学研究科博士後期課程満期退学。2007年4月、名古屋学院大学専任講師、2010年4月、名古屋学院大学准教授。専門は憲法、行政法、平和学、医事法。
【主な共著書と論文】
『国会審議から防衛論を読み解く』（前田哲男氏と共著、三省堂、2003年）、『9条で政治を変える　平和基本法』（前田哲男、児玉克哉、吉岡達也氏と共著、高文研、2008年、高文研）、「日本にいる外国人の子どもと教育」（佐竹眞明編『在日外国人と多文化共生』〈明石書店、2011年〉所収）、「冤罪と国家権力・メディア」（『法と民主主義　462号』2011年所収）、「原子力発電と日本国憲法」（『法と民主主義　466号』2012年所収）など。

痴漢えん罪にまきこまれた憲法学者

●二〇一二年　八月二四日　　　第一刷発行

著　者／飯島　滋明

発行所／株式会社　高文研
　　　東京都千代田区猿楽町二―一―八
　　　三恵ビル（〒一〇一―〇〇六四）
　　　電話〇三＝三二九五＝三四一五
　　　http://www.koubunken.co.jp

印刷・製本／シナノ印刷株式会社

★万一、乱丁・落丁があったときは、送料当方負担でお取りかえいたします。

ISBN978-4-87498-489-5　C0036

◇横浜事件・言論・マスコミ問題を考える◇

●横浜事件・再審裁判とは何だったのか
権力犯罪・虚構の解明に挑んだ24年
大川隆司・佐藤博史・橋本進吾他著　1,500円

出版史上最大の弾圧事件・横浜事件の全貌と、再審裁判の24年の軌跡を振り返り、裁判の成果と歴史的意味を明らかにする。

全記録　横浜事件・再審裁判
横浜事件・再審裁判＝記録／7,000円
資料刊行会編著

一九八六年の再審請求から24年、治安維持法下の警察・司法による「権力犯罪」の解明と歴史責任を問う裁判のドラマ！

ドキュメント　横浜事件
横浜事件・再審裁判＝記録／4,700円
資料刊行会編著

横浜事件で検挙され、凄惨な拷問を受けた人々の口述書をはじめ、様々な原資料を元に、人権暗黒時代の実相を伝える。

横浜事件・三つの裁判
小野　貞・大川隆司著
1,000円

戦時下、拷問にあう夫を案じつつ、差し入れに通った著者が、巨大な権力犯罪の謎を明かすべく、調べ考え続けた労作！

●日本ファシズムの言論弾圧抄史
横浜事件・冬の時代の出版弾圧
畑中繁雄著　1,800円

『中央公論』編集長として恐怖の時代を体験した著者による古典的名著の新版。

谷間の時代・一つの青春
小野　貞著
1,200円

昭和初期、社会主義運動が徹底的に弾圧された時代、ヒューマニズムから非合法活動に飛び込んでいった清冽な魂の記録！

『遺書』を読んで考える
日本人と戦争責任
斎藤貴男・森　達也著　1,700円

元戦艦武蔵乗組員の『遺書』を読んで考えるジャーナリストと映像作家の二人が、思考停止状態に陥った日本社会の惨状を語り、異論排除の暴力に警告を発する。

だまされることの責任
魚住昭・佐高信著
1,500円

一九四五年日本敗戦、日本人の多くは「だまされた」と言った。60年後の今、再び「だまされた」と人々は言うのか。

高嶋教科書裁判が問うたもの
横浜教科書訴訟を支援する会編
2,000円

高嶋教科書訴訟では何が争われ、何が明らかになったのか？その重要争点を収録、13年におよぶ軌跡をたどった記録。

写真週刊誌の犯罪
亀井淳著
1,200円

ついに極限にまで行きついた現代マスコミの病理を、事実を克明に追いながら徹底分析、人権と報道のあり方を考える。

国家秘密法は何を狙うか
奥平康弘・序／茶本繁正／前田哲男他著　780円

ジャーナリストの眼で〈修正案〉を批判、スパイ天国論の虚構を打ち砕き、勝共連合、SDI等との関連を解き明かす！

CDブック　獄中詩集　壁のうた
冤罪・布川事件　桜井昌司著　2,000円

43年ぶりに再審無罪を勝ち取った冤罪・布川事件。29年間の獄中で綴った詩と佐藤光政の歌。主任弁護士の詳細な解説付。

●表示価格は本体価格です。（このほかに別途消費税が加算されます。）